élan 2

Danièle Bourdais
Marian Jones
Gill Maynard

OXFORD
UNIVERSITY PRESS

Welcome to Elan 2!

The following symbols will help you to get the most out of this book:

listen to the cassette with this activity

S this recording is on the *Elan en solo* cassette

work with a partner

work in a group

⇨ p.000 refer to this page in the grammar section at the back of the book

⇨ W p.00 there are additional grammar practice activities on this page in the *Elan Grammar Workbook*

En plus additional activities, often on Copymaster, to extend what you have learned

Compétences practical ideas to help you learn more effectively

We hope you enjoy learning with Elan.

Bonne chance!

Table des matières

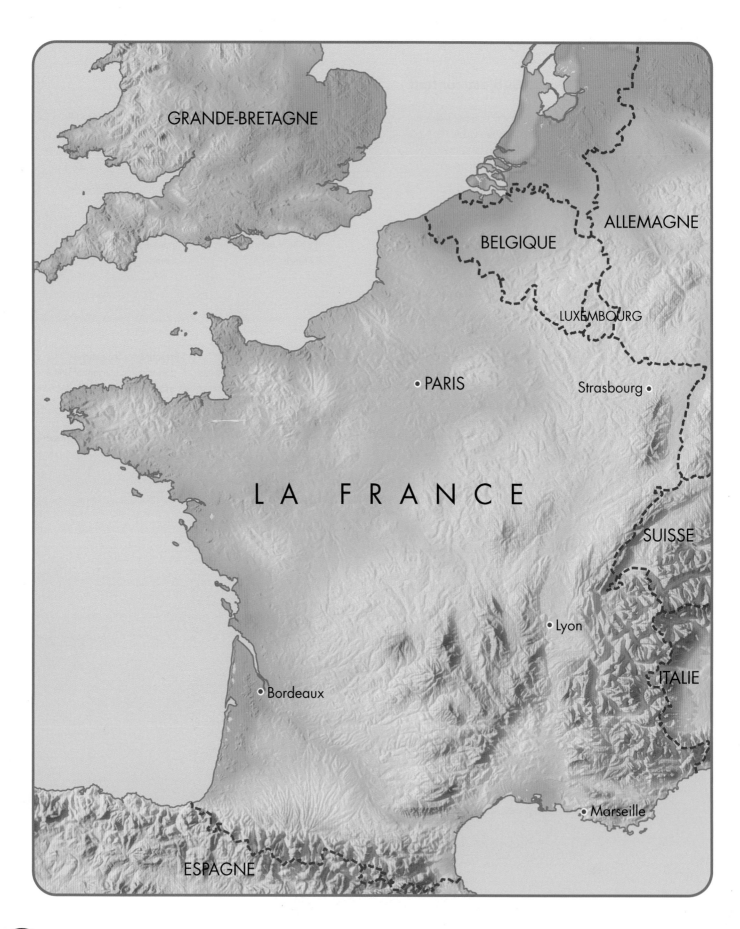

GRANDE-BRETAGNE

BELGIQUE

ALLEMAGNE

LUXEMBOURG

• PARIS

Strasbourg •

L A   F R A N C E

SUISSE

• Lyon

ITALIE

• Bordeaux

• Marseille

ESPAGNE

La politique

Après cette unité, vous saurez aborder les thèmes suivants:

- les thèmes politiques qui vous intéressent
- les possibilités d'action
- le système gouvernemental français
- les idées des différents partis français

Vous saurez mieux:

- marquer le genre dans les noms et les adjectifs
- comprendre les questions sur les textes rédigés en français

1 Quel slogan convient à chaque thème politique?

2 Avec quels slogans êtes-vous d'accord?

3 Y a-t-il un slogan que vous aimeriez écrire sur le mur?

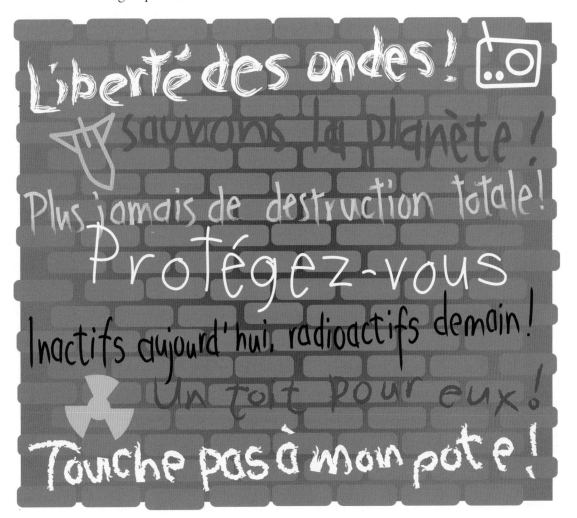

L'iberté des ondes!

sauvons la planète!

Plus jamais de destruction totale!

Protégez-vous

Inactifs aujourd'hui, radioactifs demain!

Un toit pour eux!

Touche pas à mon pote!

a *Le racisme*

b *Le sida*

c *Le nucléaire*

d *Les SDF*

e *Musiques/radio*

f *L'environnement*

g *L'armement*

La politique t'intéresse?

1 Lisez les opinions ci-dessous et classez les sujets différents en ordre d'importance de 1 à 10 pour faire votre hit-parade personnel de questions politiques.

a Tout le monde a le droit de voter, et doit voter!

b Les pays occidentaux ont des devoirs envers les pays en voie de développement.

c Chacun a le droit à tous les soins médicaux dont il a besoin, et cela sans tenir compte de ses moyens.

d Nous éprouvons le besoin urgent d'avoir un système de transport mieux conçu.

e Le gouvernement devrait régulariser le progrès technologique de façon beaucoup plus stricte.

f La couleur de la peau ne devrait pas influencer les chances de quelqu'un dans la vie.

g La jeunesse est menacée non seulement par la drogue mais aussi par la violence et la criminalité qui sont liées à la drogue.

h Que vous soyez pour ou contre l'Euro, il faut l'accepter!

i La démographie galopante nous menace tous.

j Dans certaines circonstances, la guerre se justifie.

2a [🔊] Ecoutez les jeunes qui parlent des causes qui les passionnent et dites qui …

a est préoccupé(e) surtout par une question de santé.

b veut qu'on recherche des nouvelles sources d'énergie.

c critique les attitudes du gouvernement envers la culture des jeunes.

d n'est pas toujours en faveur du progrès technologique.

e se sent concerné(e) par le Tiers-Monde.

f trouve qu'on ne fait pas assez pour les sans-abri.

g est contre la discrimination.

2b [🔊] Réécoutez et répondez aux questions.

1 Qu'est-ce qui signifie une nouvelle attitude envers le Tiers-Monde et qu'en pense Nadine?

2 Selon Guy, qu'est-ce qui nous menace et quelle solution propose-t-il?

3 Qu'est-ce qui montre qu'il y a du racisme à Marseille et pourquoi, selon Mélanie, tous les êtres humains sont égaux quelle que soit leur couleur de peau?

4 Comment Patrick décrit 'la politique de l'autruche'?

5 Pourquoi, selon Nadia, les jeunes sont-ils particulièrement menacés par le sida?

6 Décrivez les personnes que Catherine rencontre en traversant la place de Beaubourg. Quelle est son attitude envers ces personnes?

7 Pour Julien, qui est plutôt pour la manipulation génétique et qui est contre? Quelle autre découverte scientifique n'a pas été tout à fait positive?

2c A quel ministre ces jeunes devraient-ils s'adresser à propos des thèmes qui les concernent?
Exemple: *Nadine devrait s'adresser au Ministre de …*

l'Agriculture et de la Pêche

l'Environnement   la Jeunesse et des Sports

l'Economie et des Finances   la Santé

l'Education Nationale et de la Recherche

l'Intérieur   la Culture et de la Communication

le secrétaire d'Etat à la Coopération

3 Quel sujet vous paraît important dans la société actuelle? Choisissez un thème qui vous passionne et préparez-vous à en parler pendant deux minutes devant la classe. Expliquez les causes du problème et essayez de suggérer quelques solutions.

4a 〔☺〕 Survolez les quatre témoignages à droite avec un(e) partenaire et écrivez un sous-titre pour chacun. Comparez vos idées avec le reste de la classe.

4b Relisez les quatre témoignages et choisissez la réponse qui convient.

   a Alioune trouve que les discours politiques sont …

      i trop difficiles à comprendre.

      ii plus faciles si on va écouter les discours des candidats.

      iii barbants.

   b Nadège pense que les étudiants …

      i devraient s'intéresser davantage à la politique

      ii sont passionnés par la politique.

      iii devraient se présenter comme candidat aux élections.

   c Charlène …

      i est passionnée par les quotas dans l'agriculture.

      ii ne voit pas de lien fort entre la politique et sa vie à elle.

      iii est convaincue de l'importance de l'Assemblée nationale.

   d Simon …

      i doute de l'importance des décisions politiques.

      ii remet en question les décisions prises par les politiciens.

      iii se sent touché par la politique.

4c Traduisez les expressions soulignées en anglais.

4d Trouvez les synonymes dans le texte.
   a compliqué
   b exprimer son opinion
   c je n'y pense pas souvent
   d la vie quotidienne

5 Puisque les élections approchent, on vous a demandé en instruction civique d'écrire une dissertation sur les thèmes suivants:

   ◆ Est-ce que vous allez voter? Pourquoi (pas)?

   ◆ Quelles causes vous semblent les plus importantes? Justifiez votre choix.

Je vote, donc je suis.

En Terminale B au lycée Julliot de la Morandière on parle de politique.

1 *Alioune*

Il est vital que la démocratie se porte bien! J'aimerais bien plus savoir et plus comprendre, mais ce n'est pas du tout facile. Le discours politique est parfois alambiqué mais je pense qu'il faut faire un effort. Moi, par exemple, je vais parfois à un meeting, voir les candidats en chair et en os. Cela m'aide à comprendre de quoi il s'agit.

2 *Nadège*

En tant qu'étudiante en histoire je dois dire que je m'intéresse quand même à la politique. Il s'agit de participation, de faire entendre sa voix, de réfléchir sur ce qui se passe autour de soi. Je connais des étudiants inscrits en lettres qui ne pensent qu'à leurs partiels ou aux soirées du vendredi. Pour moi ceci n'est guère une attitude intelligente!

3 *Charlène*

Est-ce que tu peux m'expliquer ce qu'ils font à l'Assemblée nationale ou à Strasbourg pour améliorer ma vie quotidienne? Je n'y comprends rien! Quand j'entends parler de politique, ce sont des discussions sur les quotas dans l'agriculture ou des comités et des sous-comités. En France ou ailleurs, les hommes politiques s'en mettent plein les poches. Ça ne donne pas envie de voter!

4 *Simon*

Pour dire vrai, la politique c'est un peu loin de mes préoccupations. Je sais bien que le parlement français et les lois qu'on y crée ont une influence réelle sur notre vie de tous les jours: les 35 heures, par exemple, ou les réformes que l'on demande dans les lycées. A la prochaine élection, j'irai voter si je ne suis pas parti en week-end!

© *L'Etudiant, June, 1999*

Agir et réagir

Qu'est-ce que c'est la démocratie? Pourquoi est-ce que c'est important?
Comment exprimer votre opinion et agir dans une démocratie?
Une possibilité: adhérer à une groupe de pression.

1 Reliez.
  a Dans une démocratie …
  b Dans une anarchie …
  c Dans une monarchie absolue …
  d Dans une dictature …

  1 le chef de l'Etat est un roi et détient tous les pouvoirs.
  2 la concentration de tous les pouvoirs est entre les mains d'un individu.
  3 la souveraineté appartient à l'ensemble des citoyens.
  4 l'Etat et toute contrainte sur les individus sont supprimés.

2 Traduisez les cinq définitions de la démocratie en anglais.

Comment définissez-vous la démocratie?

Michel Nous, on a appris que c'est le gouvernement du peuple par le peuple.

Régia C'est un régime où l'individu possède le droit de participation et d'opposition.

Claudie C'est une société où tout le monde a le droit de voter.

Jean-Pierre Dans une démocratie, la souveraineté est exercée par les représentants que le peuple a élus.

Céline Tout le monde a le droit d'exprimer son opinion, mais comme il est impossible de réunir tous les habitants d'un pays pour discuter et organiser la vie commune, il faut que les citoyens choisissent des représentants, nos députés, en fait.

3a Lisez le texte à droite et complétez les phrases.
  a Daniel Cohn-Bendit est maintenant … et …
  b Selon lui, la démocratie est surtout une question de l'existence de …
  c La liberté la plus importante de toutes, c'est …
  d Il voit des signes que la démocratie va survivre; par exemple la … aux Etats-Unis et les … en Europe.
  e Il pense que ceux qui ne votent pas ne sont pas forcément contre la démocratie; c'est plutôt qu'ils n'aiment pas …

3b Translate these sentences into French, referring closely to the text.
  1 Only a democracy can be a rich, active society.
  2 Democracy is more a question of personal freedom than of institutions.
  3 Demonstrations are important in a democracy because they are signs of personal freedom.

4 Ecrivez un paragraphe sur la démocratie. Donnez une définition du terme dans vos propres mots et expliquez pourquoi elle est vitale dans le monde contemporain.

En plus Lisez le texte *Petit guide de l'adhérent futé* (Feuille 1) et faites les activités.

5 Comment exprimez-vous vos opinions? Préférez-vous vous adhérer à un parti politique ou à un groupe de pression? Discutez en groupe et faites une liste des avantages de chaque possibilité, puis résumez-la aux autres élèves.

Un entretien avec Daniel Cohn-Bendit, ancien leader de la contestation étudiante en mai 1968, devenu figure emblématique des Verts et député européen.

Interviewer: Quand peut-on dire qu'une société est démocratique ou qu'elle ne l'est plus?

D. C-B: A mon sens, une société est démocratique lorsqu'à côté des institutions mises en place existe une société civile riche et active. La démocratie n'est pas qu'une affaire d'institutions. C'est aussi une question de liberté des individus. A l'inverse, une société cesse d'être démocratique lorsque la répression d'Etat l'emporte sur ces libertés et notamment la liberté d'expression.

Interviewer: Nos démocraties sont-elles menacées?

D. C-B: Non. Les démocraties ont prouvé au fil du temps qu'elles avaient une capacité à vivre des moments de crise et à les dépasser. Aux Etats-Unis, il y a une démocratie locale active. En France ou en Allemagne il y a d'autres signes comme les manifestations par exemple. Quant à l'abstentionnisme, c'est en soi une expression politique. Cela traduit non pas une absence de vigilance mais une non-adhésion aux programmes, aux candidats ou aux idées. C'est différent. Non, je ne suis pas inquiet.

6 Voici une liste de groupes et d'associations. Choisissez ceux qui vous intéressent et puis comparez vos idées avec un(e) partenaire.

a SOS Racisme
b Lutte contre le sida
c D.A.L. – Droit au Logement
d Les Amis de la Terre
e Solidarités Nouvelles face au Chômage
f Mix-Cité (Droits des Femmes)
g Association Nationale de Prévention de l'Alcoolisme

7a Ecoutez le bulletin *Fiers d'être gays*. Vrai ou faux? Corrigez les phrases fausses.

1 Il y a eu une manifestation contre les gays.
2 Des dizaines de personnes ont manifesté.
3 Les manifestants ont très bien su profiter des médias.

7b Réécoutez. Quelles sont les trois choses qui ont dédramatisé la question homosexuelle au fil des ans?

7c Expliquez les chiffres et la date:

a 250 000
b du 1er au 7 juillet
c 3,5 millions

7d Ecoutez encore une fois et repérez les expressions-clés du texte.

a a carnival atmosphere
b the homosexual community
c the use of the media is impressive
d a community said to number 3.5 million people
e (they were) rejected for a long period after the war
f (these things) have allowed the public at large to know more

8 Travaillez en groupe et choisissez une campagne qui vous est importante, de la liste ci-dessous ou autre chose.

◆ le besoin urgent d'une route de contournement pour un village près de chez vous
◆ une réduction du nombre d'élèves par classe dans les établissements secondaires
◆ une campagne anti-drogue qui vise les jeunes

Préparez un plan de campagne publicitaire pour votre cause. Vous pourriez:

◆ dessiner un poster ou rédiger un dépliant
◆ prononcer un discours
◆ enregistrer une interview pour la radio ou la télévision
◆ élaborer un sondage
◆ écrire un communiqué de presse, un article ou une lettre à la rédaction d'un journal

La politique française

1 Les systèmes gouvernementaux français et britanniques se ressemblent sur certains points. Choisissez dans la case les mots qui correspondent aux termes suivants.

1 l'Assemblée nationale
2 un député
3 les ministères
4 le Conseil des ministres
5 le Premier ministre
6 l'hôtel Matignon
7 les questions du mercredi
8 le Sénat
9 un projet de loi
10 un parti politique

an MP	the House of Commons
Question Time	Downing Street
the prime minister	the House of Lords
the government	the Cabinet
a political party	a bill

2a 🔊 Quelles sont les responsabilités du président de la République? Ecoutez la première section du texte et écrivez 10 phrases, en vous basant sur les mots-clés donnés.

a reçoit   f préside
b audiences   g nomme
c dossiers   h signe
d voyages   i chef
e choisit   j référendum

2b 🔊 Ecoutez la deuxième section et répondez aux questions.

a Le gouvernement, c'est qui exactement?
b Nommez les trois ministres dont on parle ici.
c Quand est-ce que les ministres se réunissent auprès du président de la République?
d Que font-ils?

2c 🔊 Ecoutez la troisième section et résumez en anglais ce qui se passe quand une nouvelle loi est votée. Servez-vous des termes suivants:

the Assemblée nationale – the Sénat – disagreement – compromise – final say

3a Lisez le texte page 11 et complétez les phrases.
a La Constitution française date de … et oriente …
b Les trois pouvoirs fixés par la Constitution sont …

3b Faites une liste des responsabilités du président de la République qui n'étaient pas mentionées dans le texte à l'écoute.

3c Lisez les quatre dernières réponses de l'expert et décidez si les phrases suivantes sont vraies ou fausses. Corrigez les phrases fausses.

a Le Premier ministre est sous le contrôle du Parlement.
b Les ministres se réunissent chaque mercredi sous la direction du Premier ministre.
c Ce sont les ministres qui votent les lois.
d Une nouvelle loi doit être votée par l'Assemblée nationale et par le Sénat.
e Chaque citoyen a le droit d'écouter les débats à l'Assemblée nationale.
f Si les députés posent une question, les ministres sont obligés d'y répondre.

3d Notez comment se dit …
a power   g a constituency
b a law   h (parliamentary) sitting
c foreign policy   i parliamentary committee
d to dissolve parliament
e to meet   j if war is declared
f a citizen

4 Préparez une présentation orale sur le système de gouvernement français. Traitez des sujets suivants:

◆ la démocratie
◆ la structure politique
◆ une comparaison avec le système britannique

En plus Lisez les citations célèbres sur la politique (Feuille 2) et faites les activités.

La République française: Manuel de l'imbécile

Idiot: On a toujours vécu sous le régime de la Vᵉ République?

Expert: Mais non, elle est née avec la Constitution du 4 octobre 1958.

Idiot: C'est quoi, la constitution?

Expert: La constitution définit le fonctionnement des différents pouvoirs et elle oriente les lois et les règles qui régissent la vie nationale. La Constitution de 1958 réaffirme dans son préambule les droits de l'homme et le principe de la souveraineté du peuple. La démocratie, pour ainsi dire.

Idiot: Qu'est-ce que c'est la séparation des pouvoirs?

Expert: En fait, il existe trois pouvoirs qui sont tous indépendants. Ceci sauvegarde la démocratie.

Idiot: Nommez-les!

Expert: L'exécutif, assumé par le président de la République et par le gouvernement, le législatif, assumé par le Parlement, et l'autorité judiciaire, assumée par les magistrats.

Idiot: Bon, d'accord. Et le Président, que fait-il exactement?

Expert: Etant le chef des armées, il préside les comités et conseils supérieurs de défense et il est responsable de l'utilisation de l'arme nucléaire. Il oriente la politique étrangère, choisit le Premier ministre et nomme, sur proposition du Premier ministre, les autres membres du gouvernement. Il préside le Conseil des ministres et promulgue les lois adoptées par le Parlement. Il peut dissoudre l'Assemblée nationale (mais pas le Sénat) après consultation du Premier ministre. Il peut saisir tous les pouvoirs dans des circonstances exceptionnelles.

Idiot: Et le Premier ministre, que fait-il?

Expert: Le Premier ministre, qui siège à l'hôtel Matignon, est le chef du gouvernement dont il dirige l'action.

Idiot: Et le gouvernement, c'est qui alors?

Expert: Ce sont les ministres qui déterminent la politique de la nation. Les ministres se réunissent, habituellement tous les mercredis à l'Elysée, en Conseil des ministres, présidé par le président de la République. C'est là que sont discutés les projets de lois, préparés par le gouvernement, avant d'être déposés par le Premier ministre sur le bureau de l'une des deux assemblées parlementaires.

Idiot: Donc le Parlement, c'est autre chose?

Expert: Evidemment! Le Parlement se compose de L'Assemblée nationale et du Sénat. Les 577 membres de l'Assemblée nationale sont les députés. Ils représentent tous les citoyens et sont élus à raison d'un député par circonscription électorale pour un mandat de cinq ans. Les 321 membres du Sénat sont les sénateurs. Ils sont élus par les départements pour un mandat de neuf ans renouvelable.

Idiot: Et quel est le rôle du Parlement?

Expert: Le Parlement élabore, discute et vote les lois.

Il se réunit en session ordinaire de début octobre à fin juin et les séances sont publiques. Le Parlement contrôle l'action du gouvernement par le travail des commissions parlementaires et en posant des questions écrites ou orales auxquelles le gouvernement est tenu de répondre. Il a un pouvoir financier et un pouvoir diplomatique et doit donner son autorisation en cas de déclaration de guerre.

Idiot: Alors, maintenant je ne suis plus idiot!

The activities on this spread will help you to:
● deal more accurately with gender
● cope better with reading text questions in French

1 Reliez les noms des partis politiques français à leurs symboles.

a Les Verts
b Le parti socialiste
c Le Front National
d Le parti communiste
e L'Union pour la démocratie française (UDF)
f Le Rassemblement pour la République (RPR)

1 le Parti communiste

2 GROUPE UDF

3 LE RASSEMBLEMENT POUR LA RÉPUBLIQUE

4 Les Verts
5 PS
6 FRONT NATIONAL — Le parti de la France

Le Rassemblement pour la République

Une ambition pour la France

Les valeurs de la République sont au cœur de notre démarche: égalité des droits et des chances, solidarité, juste récompense du travail et de l'effort, intégration, laïcité, tolérance, liberté et responsabilité.

Motiver les Français dans leur travail et dans leur engagement dans la Cité, offrir aux entreprises <u>un environnement favorable</u> à leur compétitivité. Cela passe par une action sur l'Etat, pour en faire un Etat mieux géré qui allège <u>les contraintes administratives</u> et la fiscalité qui pèsent sur le développement économique et sont une entrave aux initiatives: un Etat qui se concentre sur <u>ses missions essentielles</u> au service des Français.

Au nom des valeurs de la République, nous voulons mettre la réussite économique au service <u>du progrès social</u>, afin que chaque Français trouve sa place et sa chance dans la société. Grâce à <u>la mise en œuvre ambitieuse</u> de ces valeurs, la France continuera à compter dans l'Europe à laquelle elle participe tous les jours, et dans le monde.

"J'aime mon pays et je ne le conçois pas autrement qu'au premier rang. L'idée d'une <u>France repliée sur elle-même, conservatrice et frileuse</u>, m'est insupportable."

Jacques Chirac

Extrait du Guide de l'adhérent du RPR

Grammaire ⇨ p.115 ⇨ W p.4

Gender: how it affects almost everything you write!

(A) Masculine or feminine? Find the words in the text with the following typical endings.

Masculine endings: -ment, -eur
Feminine endings: -té, -ion, -ée

● Look at the underlined phrases in the text to remind yourself about the rules of agreement of adjectives. Check the grammar reference (2.1).

(B) Now translate these phrases into French.
1 the essential problems   3 ambitious plans
2 a competitive society   4 better activities

● Remember that present and past participles used as adjectives also agree with their subject:

Examples:
*un état mieux **géré** / une commune mieux **gérée***

(C) Translate the following phrases into French, using the verb in brackets.
1 simplified administrative formalities (*simplifier*)
2 threatening measures (*menacer*)

● The past participle also agrees.

(D) Translate into French using the keywords in brackets.
1 Work and effort will be rewarded. (*récompenser*)
2 These values have been put into action (*valeur, mettre en œuvre*)

En plus Do the grammar activities on Feuille 3.

Compétences

Answering questions on a reading text

- When you are going to answer written questions on a text, always skim-read the text first and get the gist of it. Look at photos, captions, headings and subheadings, as they often provide vital clues to help you understand the general context of a written piece.

1 Write down the purpose of the document the extract on page 12 came from.

2 Given the source and the subheading, *Une ambition pour la France*, decide which of the following is the most likely theme of the extract:
  a a plan for taking control of France
  b a list of ways in which the RPR would like France to develop in the future
  c a list of things which are wrong with present-day France

- Some reading questions ask you to summarise what you have read and to provide the main points of a particular aspect of the text.

3 Choose the best answer, i, ii or iii.
  Selon le texte du RPR, sur quoi faut-il se concentrer pour créer une société plus juste où l'égalité de tous les citoyens sera reconnue?
  i plus de contraintes administratives
  ii l'utilisation des bénéfices pour le bien des citoyens
  iii l'élimination du chômage

4 Which sentence justifies your answer to activity 3?

- Some reading questions concentrate more on detail. It is wise to look particularly carefully at the question words used, in order to be sure you are giving the exact information required.

5 Note the key question word in each of the following questions, then answer each question.
  a Qui a le rôle de minimiser la fiscalité?
  b Qu'est-ce que tout citoyen mérite pour son travail?

  c Comment est-ce que l'Etat devrait favoriser le développement économique?
  d Quel peut être l'avantage pour la société de la réussite économique?
  e Comment est-ce que la France compte dans le monde?
  f Où voit-il la place de la France dans le monde?

- Some questions ask for a certain number of details. Always be sure that you give the correct number.

6 Answer this question on the text.
  Nommez les huit valeurs de la République.

- Some questions ask you to reword material which is in the text. Think grammatically when asked to do this.

7 Reword the sentences given in italics below, in order to answer each question. Often you will find that you need to think in 'word families' and use your knowledge of which verbs, nouns and adjectives are interrelated.

  a De quelle sorte de société rêve le RPR?
  intégration, laïcité, tolérance, liberté et responsabilité.
  b Quelle est l'ambition de Jacques Chirac pour la France?
  J'aime mon pays et je ne le conçois pas autrement qu'au premier rang.

Finally, always check through your answers one last time and ensure that they:
- answer the question precisely.
- make sense in their own right. It is easy to copy a chunk from the text into your sentence and then find it does not fit well and needs to be reworded.
- are grammatically correct and free from spelling errors.

Au choix

1 **S[📼]** Ecoutez les cinq titres d'information et résumez chacun, en vous basant sur les mots-clés donnés.

   a une campagne de mobilisation – le slogan – l'association – objectif

   b ministre de l'Intérieur – réduire – capoter la réforme – 4 000 – 5 ou 6

   c projet de loi – la parité – sanctions financières

   d projet de loi – promouvoir – activités – un service public

   e Jacques Chirac – septennat – grand-père – Eskimos – baskets – photos

2 Ecrivez environ 250 mots pour expliquer quels thèmes politiques vous semblent les plus vitaux et ce que vous faites afin de soutenir ces causes.

3 **[👥]** Vous allez lancer le "Parti des Jeunes". Travaillez en groupe et choisissez les activités qui vous intéressent.

   a Ecrivez votre manifeste, tenant compte de vos propres opinions ainsi que de celles de vos camarades de classe.

   b Préparez un discours pour votre première conférence de presse.

   c Rédigez le texte du communiqué de presse qui annoncera votre lancement.

   d Créez un poster ou un dépliant pour annoncer la création du Parti des Jeunes.

   e Dessinez un mur à graffiti qui servira pour vos publicités.

4 **S[📼]** Ecoutez et répétez les opinions.

   a Pour moi, le problème actuel le plus important est l'énorme différence entre les pays riches at les pays pauvres.

   b Il s'agit de participation, de faire entendre sa voix, de réfléchir sur ce qui se passe autour de soi.

   c Les systèmes gouvernementaux français et britanniques se ressemblent sur certains points.

   d Je sais bien que le Parlement français et les lois qu'on y crée ont une influence réelle sur notre vie de tous les jours.

Propositions politiques

Le modèle libéral qui s'est imposé à l'Ouest comme à l'Est accumule les risques et génère une société à deux vitesses. Refusant le chômage, les inégalités, la pollution, Les Verts ont choisi d'aller vers une société écologique où l'économique ne domine plus les rapports sociaux et ne détruit plus notre environnement.

L'énergie	L'emploi
Les jeunes	Les transports
La santé	La citoyenneté
L'agriculture	Les femmes
Réinventons l'Europe	

Vers une VIème République

[Page accueil] [Début de page]

Les Verts
107, avenue parmentier
F-75011 PARIS
Tel : 33/01.43.55.10.01
Fax: : 33/01.43.55.16.15
Minitel : 3614 LES VERTS
e-mail: secretar@verts.imaginet.fr

Les Verts – Confédération écologiste – Parti écologiste

---

5 **[👥]** Lisez le document *Propositions politiques* et préparez-vous à discuter des questions suivantes avec un(e) partenaire, ou avec l'assistant(e) français(e).

   a C'est quoi, ce document?

   b Expliquez le terme "une société à deux vitesses".

   c Croyez-vous que la société écologique dont on parle ici existe déjà? Pourquoi (pas)?

   d Choisissez de la liste le thème qui vous intéresse le plus. Quelles sont peut-être les idées des Verts sur ce thème?

   e Pourquoi parle-t-on ici d'une VIème République?

   f Que peuvent faire les Verts afin de faire entendre leur voix encore plus vivement dans la société actuelle?

Richesse et pauvreté

Après cette unité, vous saurez aborder les thèmes suivants:

- la pauvreté dans la France contemporaine
- comment combattre la pauvreté
- les conditions dans un pays du Tiers-Monde
- une mission humanitaire destinée au Tiers-Monde

Vous saurez mieux employer:

- les temps des verbes
- les techniques variées permettant de répondre aux questions de la compréhension à l'écoute

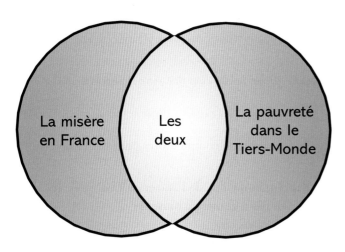

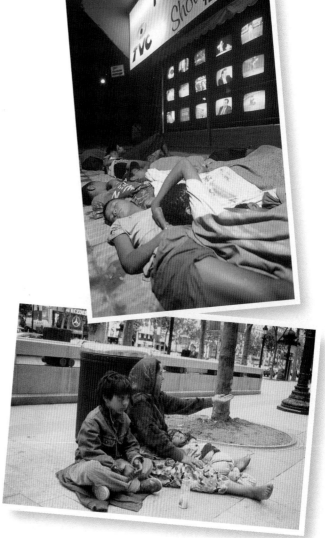

1 Regardez les photos et considérez les phrases. Recopiez le diagramme et écrivez les phrases où cela vous semble approprié.

conditions malsaines
eau non potable
logement inadapté
manque de scolarité
nutrition insuffisante
parents au chômage
manque de moyens
violence dans le quartier
taux de mortalité infantile important
manque de soins médicaux

2 Avez-vous d'autres idées à ajouter?

Pauvreté, même aujourd'hui?

La pauvreté existe toujours dans la France du vingt-et-unième siècle. Quels en sont les causes et les effets?

1a Classez les phrases en deux listes: nécessaire ou superflu.

trois repas par jour
plusieurs cadeaux à Noël
un logement fixe
de l'eau potable
une scolarité régulière
de nouveaux vêtements chaque année
au moins deux semaines de vacances par an
au moins une voiture par famille
soins médicaux
deux parents
un poste de télévision
un ordinateur
le chauffage central en hiver
une place dans la société

1b 👥 Considérez les choses qui vous semblent nécessaires. Classez-les en ordre d'importance, puis comparez vos idées avec celles d'un(e) partenaire.

2 Regardez la photo de Michel Lanteau. Qu'est-ce qui lui manque de la liste?

Michel Lanteau chez lui, à Veysin

3a 📼 Ecoutez le témoignage de Michel. Il compare sa vie maintenant et sa vie avant. Lisez les phrases et écrivez 'maintenant' ou 'avant' pour chacune.

a son domicile dans une zone industrielle
b les disputes avec les voisins
c sa vie dans une caravane
d ses copains tziganes
e le travail de ferrailleur de son père
f un conflit entre sa famille et les gendarmes
g le manque de chauffage
h les bagarres en classe
i l'aide d'une assistante sociale

3b *Zoom langue: l'utilisation des temps.* Ecrivez deux paragraphes pour comparer sa vie 'maintenant' (donc au présent) avec sa vie 'avant' (à l'imparfait).

Exemple: *Maintenant Michel habite dans une zone industrielle où il y a des disputes …*
Avant il vivait …

3c 📼 Réécoutez le texte afin de compléter les phrases qui décrivent sa vie actuelle.

1 Michel habite dans un immeuble de l'ancienne ZUP, près de …
2 Le logement ne plaît pas à sa mère à cause de …
3 Son frère s'est fait … dans une …
4 C'est bien que l'appartement ait …
5 Mais ils n'ont pas les moyens de …
6 Sa mère a besoin de …
7 Il n'aime pas tellement l'école parce que … et …
8 L'assistante sociale leur donne …
9 Son père rêve de …

3d Faites un résumé de sa vie dans la caravane en vous inspirant des expressions données.

mieux – être ensemble – travail de ferrailleur – transporter des métaux – l'école – terrains de stationnement – louer un terrain – être expulsé – être repoussé par les gendarmes

4 👥 Faites un jeu de rôle à deux. Michel entre dans un nouveau collège et une assistante sociale/un camarade de classe cherche à mieux le connaître. Elle/il lui pose des questions sur sa vie. Basez les questions et les réponses sur les activités précédentes. Michel exprimera non seulement les faits mais aussi ses opinions. Parlez du passé, du présent et de l'avenir.

La vie d'un SDF

Patrick Dullin, SDF

Comme de nombreux SDF, Patrick Dullin s'est retrouvé dans la rue à la suite d'une séparation, dont le choc fut, dans son cas, aggravé par le décès de son père. Chômeur en fin de droits, Patrick s'est retrouvé, du jour au lendemain, sans aucune ressource. Sans famille, sans travail, sans argent, sans logement, sans amis. Sans rien, si ce n'est son harmonica qui l'accompagne dans ses périples sur les routes de campagne et les pavés des villes. Il s'est dirigé vers le Midi, jugeant le climat plus clément lorsqu'on n'a pas de toit. En échange des mélodies qu'il joue, et en mendiant il reçoit de quoi se nourrir pour la journée.

Parfois, s'il a de la chance, un passant lui laisse un billet ou vient lui faire un brin de conversation qui l'encourage et lui réchauffe le cœur. Le soir, il s'installe sur des cartons qui l'isolent du froid et s'enroule dans sa couverture. C'est l'hiver qui est le plus rude. Il passe souvent aux centres d'hébergement pour qu'on lui donne des vivres et de nouveaux vêtements. Il peut également y recevoir une consultation médicale gratuite. Néanmoins, il a tendance à fuir ces centres où il se sent parqué comme un animal inutile. Il ne tient pas à jouer au Scrabble ni à rester assis dans une pièce où s'entassent pauvres et mendiants. Il préfère rester dans la rue où il se sent plus libre et plus digne.

A l'approche de son deuxième hiver sans logement, Patrick est sur le point de faire sa demande de RMI et il a trouvé, tant bien que mal, un garage vide que la mairie lui laisse pendant six mois. Sans chauffage, ce dernier est cependant équipé d'un réchaud à gaz et d'un matelas. Avec un tel luxe, il se sent prêt à se refaire une santé, à remonter la pente lentement … au printemps, il compte travailler comme jardinier dans une coopérative de légumes biologiques près de Béziers et il espère que bientôt, toute sa dérive ne lui semblera plus qu'un mauvais cauchemar.

5a 👥 Survolez le texte et écrivez un sous-titre pour chaque paragraphe. Choisissez des phrases du texte même, puis comparez vos idées avec un(e) partenaire et justifiez votre choix.

5b Nommez les trois choses qui ont causé la situation actuelle de Patrick.

5c Patrick se retrouve maintenant dans un cercle vicieux. Décrivez-le en utilisant tous les mots suivants:

au chômage – argent – logement – trouver un emploi

5d Répondez aux questions sur la situation de Patrick.

1 D'où vient le peu d'argent qu'il possède?
2 Où a-t-il dormi jusqu'ici?
3 Que fait-il s'il a besoin de soins médicaux ou de vêtements?
4 Qu'est-ce qu'il va recevoir comme allocation sociale?
5 Où dormira-t-il cet hiver?
6 Quels seront ses deux luxes?
7 Comment espère-t-il améliorer sa situation?

5e Reliez les mots des deux listes afin de reconstruire les phrases importantes du texte, puis traduisez-les en anglais.

1 en fin …	**a** la pente
2 du jour …	**b** de quoi se nourrir
3 lui réchauffer …	**c** dans sa couverture
4 recevoir …	**d** sa demande de RMI
5 s'enrouler …	**e** de droits
6 être parqué …	**f** comme un animal inutile
7 faire …	**g** au lendemain
8 se refaire …	**h** le cœur
9 remonter …	**i** une santé

6 Résumez en français la situation actuelle de la pauvreté en France.

◆ Give an example of a family living in poverty.
◆ Discuss the causes of poverty today.
◆ List some of the effects of poverty.
◆ Conclude with ideas for breaking out of the vicious circle.

En plus 📼 Ecoutez Elodie, issue d'un milieu aisé (Feuille 4) et faites les activités.

Combattre l'exclusion

Combattre l'exclusion, c'est une responsabilité collective ou individuelle?

1 **[image]** Participez-vous à la lutte contre l'exclusion? Travaillez avec un(e) partenaire et rédigez une liste de tout ce qu'on peut faire pour aider ceux qui vivent en-dessous du seuil de pauvreté.

2a Lisez le texte.

Le 'cadeau' du gouvernement aux plus démunis

Martine Aubry, ministre de l'Emploi et de la Solidarité, n'a pas attendu le 24 décembre au soir pour présenter ses cadeaux. "En cette fin de millénaire alors que le pays se prépare à des réjouissances, il était important que les chômeurs et les bénéficiaires de minima sociaux profitent aussi des fruits de la croissance économique". A partir du 25 décembre, une 'prime exceptionnelle' a été versée aux 1,1 million d'allocataires du RMI (revenu minimum d'insertion) et aux 500 000 bénéficiares de l'allocation spécifique de solidarité (ASS) à savoir les personnes qui vivent dans des conditions particulièrement difficiles.

Insuffisant pour certains

Le RMI a été créé en 1988 pour permettre aux personnes sans ressources de plus de 25 ans de faire face à leurs besoins, tout en favorisant leur insertion dans le monde du travail. Avec le RMI, une personne seule perçoit tous les mois environ 500 Euro. L'ASS est accordée aux demandeurs d'emploi de longue durée qui ne touchent plus d'allocation chômage.

Désormais, le gouvernement révalorise de 2% le RMI, l'ASS et l'AI (l'allocation d'insertion, touchée par 20 000 personnes, et accordée aux victimes d'accident du travail ou d'une maladie professionnelle, à certains détenus libérés

...), soit une augmentation de 9 Euro par mois pour une personne seule, de 18 Euro pour un couple avec deux enfants, de 24 Euro pour un couple avec quatre enfants.

Ces mesures coûteront au total 2,7 milliards de francs. Mais elles paraissent insuffisantes à certains. "Des dispositions en décalage avec les attentes sociales" souligne Robert Hue, secrétaire national du Parti communiste qui demande au gouvernement de consacrer "5 milliards" aux chômeurs. Les associations de chômeurs font également triste mine. "Moins d'un demi Euro de plus par jour pour une personne seule, vous parlez d'une révalorisation du RMI!" s'insurge un représentant de l'Association pour l'emploi, l'information et la solidarité des chômeurs et précaires.

2b Choisissez la bonne réponse à chaque question.

a A partir de quelle date est-ce que les plus démunis ont reçu leur "cadeau" du ministre de l'Emploi?
  i le 24 décembre
  ii le 25 décembre
  iii le 1 janvier

b Combien de personnes ont reçu la prime?
  i environ un million
  ii environ un million et demi
  iii près de deux millions

c Que recoivent tous les demandeurs d'emploi?
  i une prime exceptionnelle à Noël
  ii une revalorisation de leur allocation
  iii toutes les deux

d Que pense Robert Hue des nouvelles primes?
  i qu'elles sont insuffisantes
  ii qu'elles sont un pas dans la bonne direction
  iii qu'elles sont un don très généreux

e Quel mot décrit l'attitude des associations de chômeurs?
  i contentes
  ii ravies
  iii mécontentes

2c Repérez les expressions suivantes dans le texte.

   a the fruits of economic growth

   b to meet their needs

   c a return to employment

   d the long-term unemployed

   e unemployment benefit

   f an increase

2d Traduisez les phrases en anglais.

   1 Une prime exceptionnelle sera versée au 1,1 million d'allocataires du RMI.

   2 Ce sont des dispositions en décalage avec les attentes sociales.

   3 Les associations de chômeurs font également triste mine.

3a Croyez-vous que l'individu ait un rôle à jouer pour aider les plus démunis? Notez toutes les choses que vous seriez peut-être prêt(e) à faire vous-même dans ce contexte:

   ◆ payer plus d'impôts

   ◆ travailler dans un refuge pour les sans-abri

   ◆ acheter régulièrement *Macadam Journal* (l'équivalent du 'Big Issue')

   ◆ passer le jour de Noël à servir des repas aux SDF

   ◆ travailler sans salaire dans un magasin au profit d'une organisation caritative

   ◆ mettre une chambre libre chez vous à la disposition des sans-abri

   ◆ faire une collecte pour une œuvre charitable

   ◆ verser une somme d'argent à une fondation caritative chaque mois

3b Discutez vos idées à plusieurs. Qu'est-ce que vous avez déjà fait pour aider les plus démunis? Que ferez-vous peut-être à Noël? Que feriez-vous si vous aviez le temps, les moyens …?

4a Ecoutez la première section de l'entretien avec une bénévole et complétez le résumé.

Carole a toujours été (1) … aux autres mais elle s'est présentée à un Centre du (2) … après avoir vu un (3) … sur les sans-abri. Elle a été surtout impressionnée par (4) … Pierre. Il travaille avec les exclus depuis (5) … ans et cherche constamment à persuader les autres que chacun doit se (6) … du sort des autres.

4b Ecoutez la deuxième section et complétez les phrases.

   a Que fait Carole au Restos du Cœur?

      Elle fait …

      Elle accompagne …

      Elle distribue …

   b Travailler dans la rue est important, selon Carole, parce qu'on peut atteindre ceux qui …

   c Quels sont ses deux exemples de "la chaleur humaine"?

      Savoir écouter …

      Leur faire sentir que …

   d D'après Carole, qu'est-ce qui se passe pendant le grand repas de Noël?

      L'espoir renaît pour …

4c Ecoutez la troisième section et faites une liste des raisons de son optimisme concernant l'avenir. Il y en a au moins trois!

5 Pendant le Téléthon, on a posé la question "Comment combattre l'exclusion?". Rédigez le texte de votre réponse à cette question pertinente. Exprimez votre opinion à l'écrit sur le rôle de l'Etat ainsi que le rôle de l'individu.

En plus Lisez le texte sur l'Abbé Pierre (Feuille 5) et faites les activités.

Et dans le Tiers-Monde?

Que savez-vous sur les conditions de vie dans les pays du
Tiers-Monde? Il s'agit ici d'une des régions les plus pauvres du monde:
les îles des Sundarbans, dans le golfe du Bengale.

Le saviez-vous?

Les Américains, qui constituent
5% de la population mondiale,
consomment 25% de l'énergie
utilisée dans le monde. Le citoyen
américain moyen consomme autant
d'énergie que 6 Mexicains, 153
Bangladais ou 499 Ethiopiens.

1   Travaillez à plusieurs et faites des listes.

a Quels pays du Tiers-Monde connaissez-vous?
b Quelles sont les choses dont nous jouissons dans
   le monde occidental qui manquent souvent dans
   le Tiers-Monde? Finissez les phrases suivantes:
   Ici en Europe …
   Dans le Tiers-Monde, par contre …

2a Avant de lire le texte, traduisez la phrase "le ventre de l'enfer" en anglais.

Le ventre de l'enfer

Il n'y a guère au monde, en effet, de population plus éprouvée et plus abandonnée que celle des parias des îles des Sundarbans. Ils habitent des huttes de paille régulièrement englouties par les inondations, balayées par les cyclones et les raz de marée, posées à quelques mètres de la surface des eaux, sur une terre saline qui ne donne qu'une maigre récolte de riz par an, et parfois moins. Dans le golfe du Bengale, au large de delta du Gange, le plus grand delta de la planète, le plus funeste aussi, là où personne ne va jamais car ici, dit-on c'est le ventre de l'enfer.

Ils n'ont même pas, ou si peu, d'eau potable. Il faut descendre à 200 ou 300 mètres de profondeur pour en trouver, et creuser un puits revient vraiment trop cher. Alors les enfants continuent d'aller jouer parce qu'ils n'ont pas d'autres jeux, dans l'Hooghly, ce long canal funèbre et puant qui longe la route de Calcutta aux Sundarbans où se déversent tous les égouts du Bengale et ils ne cessent d'y mourir.

Chaque matin, ils sont 100 000 à faire la queue devant une pompe qui crachote une eau saumâtre, et comme il n'y a pas de latrines il faut se soulager dans les égouts qui débordent et inondent les taudis pendant la mousson. Le bidonville est noyé en permanence sous la fumée épaisse et acide que dégagent les petits feux de bouse sur lesquels on prépare la cuisine, une fumée qui déchire les poumons, provoque d'inextinguibles quintes de toux et finit toujours par tuer.

On n'imagine pas plus pauvre que ces taudis surpeuplés, privés d'eau, d'électricité, de fenêtres, bordés d'égouts à ciel ouvert, d'une puanteur insoutenable, où pullulent les rats, les cafards, les tarentules, la vermine, et des centaines de vaches confinées dans des étables sordides. Dans ce pays, il y a aussi la tuberculose, le choléra, les épidémies, les innombrables maladies de carence. Pas un médicament, pas un médecin, car ceux-ci refusent "d'aller travailler en enfer".

2b Survolez le texte et écrivez un sous-titre pour chaque paragraphe.

2c Trouvez dans le premier paragraphe les mots qui veulent dire:

a afflicted
b flooded
c floods
d swept away
e tidal waves
f a poor crop

2d Traduisez les expressions-clés du deuxième paragraphe en anglais.

a eau potable
b creuser un puits
c puant
d les égouts

2e Lisez le troisième paragraphe et répondez aux questions.

1 Pourquoi est-ce que les cent mille personnes font la queue?
2 A quoi servent les égouts?
3 Pourquoi est-ce que les taudis sont inondés?
4 D'où vient la 'fumée épaisse'?
5 Quel est son effet néfaste?

2f Lisez le dernier paragraphe. Vrai ou faux? Corrigez les phrases fausses.

1 Presque personne ne vit ici.
2 Il n'y a ni électricité ni eau potable.
3 On y risque toutes sortes de maladies.
4 Les médecins font un travail énormément difficile.

3 **A** a vu un documentaire sur les îles des Sundarbans, **B** lui pose des questions. Abordez:

◆ la situation géographique
◆ les conditions climatiques
◆ la vie quotidienne
◆ les conditions et les risques sanitaires

4a Ecoutez le début du reportage sur la convention internationale sur les droits des enfants. Faites une liste des cinq besoins vitaux qu'elle vise à garantir à tout enfant.

4b Ecoutez le texte entier. Dans quel ordre est-ce que l'on traite des sujets suivants?

a le sida
b la malnutrition
c l'eau potable
d la prévention du sida
e les problèmes de santé qui résultent de la malnutrition
f le taux de mortalité infantile

4c Réécoutez le texte et écrivez une phrase pour expliquer chaque chiffre.

1 180
2 1,3 milliard
3 10%
4 400 000
5 2 millions
6 10%
7 85%

5 Ecrivez un reportage pour le Téléthon sur les problèmes auxquels font face la plupart des habitants du Tiers-Monde.

The activities on this spread will help you to:

● use tenses more accurately
● understand and use a range of techniques
● deal more efficiently with listening comprehension questions

Les navires de l'espoir arrivent aux Sundarbans

Et maintenant il y en a un deuxième! Après le premier bateau-hôpital lancé l'année dernière au secours des miséreux des îles du Bengale avec l'aide de la fondation de Dominique Lapierre, un second vient d'entrer en service, le 'City of Joy II'. Cette flotte humanitaire était d'une urgente nécessité.

L'année dernière, le premier bateau transformé a été équipé d'appareils radiologiques, d'une réserve de vaccins et d'une petite antenne chirurgicale. Un médecin, six infirmiers et quatre marins sillonnent inlassablement à son bord les Sundarbans. Tous les six mois ils se relaient. Les docteurs abandonnent momentanément l'hôpital ou leur

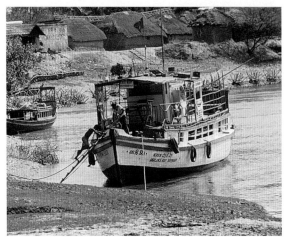

cabinet pour aller soigner bénévolement les miséreux du delta. Parfois, des volontaires occidentaux montent à bord, venus partager la vie de l'équipage et enseigner leur métier aux étudiants bengalis. Cette année, un deuxième

bateau-dispensaire a été mis en service.

Tout au long de l'année les deux 'City of Joy' voyagent d'île en île, où ils sont attendus, reconnus. Deux jours avant leur arrivée, des files d'attente se forment sur des centaines de mètres autour de petits dispensaires, des précaires baraquements en bois construits dans la jungle. Chaque 'City of Joy' s'arrête 24 ou 48 heures dans chaque île et le médecin reçoit 180 personnes par jour. La consultation coûte cinq roupies. Elle permet de renflouer la pharmacie du dispensaire, et aux malades, de conserver leur dignité. Les volontaires des Sundarbans appartiennent à ceux que l'on veut oublier. Ils sont la voix des gens sans voix.

---

1 Lisez le texte et répondez aux questions.

1 Qu'est-ce que c'est le 'City of Joy II'?
2 Qui fait partie de l'équipage?
3 D'où viennent les bénévoles qui travaillent à bord de la flotte humanitaire?

2 Traduisez le dernier paragraphe en anglais.

Grammaire ⇨ p.127

Ⓐ Say which tense each of the underlined verbs is in, and explain why that tense has been used.

Example: Cette flotte humanitaire <u>était</u> d'une urgente nécessité.
imperfect – past tense description

1 Parfois, des volontaires occidentaux <u>montent</u> à bord.
2 Cette année un deuxième bateau <u>a été mis</u> en service.
3 Tout au long de l'année les deux 'City of Joy' <u>voyagent</u> d'île en île.
4 Ils <u>sont</u> attendus, reconnus.
5 A leur arrivée, des files d'attente <u>se forment</u> sur des centaines de mètres.
6 Sans les deux bateaux, les habitants des Sundarbans n'<u>auraient</u> pas accès aux soins médicaux.
7 On espère qu'il y <u>aura</u> un jour un troisième bateau-hôpital.
8 Les volontaires des Sundarbans <u>appartiennent</u> à ceux que l'on veut oublier.

En plus Revise the tenses by doing the activities on Feuille 6.

Compétences

Improve your listening

- Always listen to a text all the way through before working on questions of detail. In an interview, pay particular attention to the questions asked in order to follow the main points discussed.

(1) Listen to the whole interview and note the gist of the interviewer's questions in English.

(2) Listen again and write one sentence in English to summarise the answer to each of the interviewer's questions.

- Be sure to answer the precise question set!

(3) Listen to Section 1 of the interview and decide which of the statements below best answers the question, *"Qu'est-ce qui est arrivé au pêcheur?"*

  a Il était enveloppé dans un vieux sac de jute.
  b Il avait le visage déchiqueté.
  c Il allait au marché.
  d Il avait pêché trois crevettes.
  e Il a été tué par un tigre.
  f Il a été attaqué par un tigre.

(4) *"Qu'est-ce que Laurent a vu en traversant la rivière?"*

This question requires a different answer! Decide which of the statements a-f above would be useful to answer it, and write a sentence to answer it, beginning: *Il a vu un pêcheur mort …*

- Always be sure to give the number of details asked for in a question.

(5) *"Donnez trois exemples des urgences qui se présentent et deux problèmes à plus long terme."*

Before listening to the tape, look at the list below of possible answers in English and decide which are emergencies and which are longer term problems.

cancer – blindness – a fire victim – someone who has been bitten by a rabid dog – the lame – someone who has been poisoned

(6) Now listen to Section 2 of the interview and pick out the correct number of examples of each type. There are more than you need, so choose the ones where you are most sure of the correct French expression.

- Practise accuracy with numbers, as many listening questions require you to note numbers, dates, etc.

(7) Before attempting the questions, read the following figures aloud in French quickly and accurately.

2 500 – 200 000 – 50 000 – 25 000 – 250 000
90% – 80% – 99% – 65% – 76% – 92%

(8) Now listen to Section 3 and answer the following questions.

  1 Depuis quand le docteur Mathur travaille-t-il sur le bateau-hôpital?
  2 Combien de gens a-t-il reçu?
  3 Combien est-ce qu'il gagne?
  4 Combien de malades traités au centre antituberculeux sont guéris?

- Think grammatically if you are asked to reword key sentences from the tape.

(9) *"Qu'est-ce que la mère des douze enfants a demandé au docteur? Et qu'est-ce qu'elle lui a promis?"* Listen to Section 4 and fill in the gaps below.

Elle a dit au … "Sauvez … fils. Je vous … tout … que je mendie jusqu'à la … de ma …"

(10) Now reword the key sentences to answer question 9.
Elle lui a demandé de …   *Elle lui a promis que …*

(11) Listen to Section 4 and answer the following questions.

  a Que fait le voisin de Laurent dans sa chambre?
  b Qu'est-ce qu'il voulait savoir l'autre soir?
  c Qu'est-ce que Laurent ne savait pas?

- Use your knowledge of synonyms!

(12) *"Qu'est-ce qui a choqué Laurent?"* What word in the opening sentence of Laurent's reply (Section 1) is a synonym for 'choqué'? Now answer the question.

(13) Listen to the whole interview once more and note the synonyms for the following words.

Section 1: la rivière, mutilé, l'argent
Section 2: invraisemblable, les infirmes, consoler
Section 3: renoncer, le malade, éliminer
Section 4: à l'heure actuelle, impensable, le bonheur

Au choix

1 **S[⊙]** Ecoutez le bulletin sur une conférence sur le sida et écrivez un résumé qui fait mention des points suivants.

- le lieu et les participants
- le nombre de nouvelles victimes
- une comparaison entre les pays occidentaux et le Tiers-Monde
- la trithérapie
- ce dont on n'est pas certain

LES ENFANTS DU MONDE

- 33 000 enfants de moins de 5 ans meurent chaque jour des effets combinés de la malnutrition et des maladies infectieuses et parasitaires;

- 174 millions d'enfants de moins de 5 ans souffrent de malnutrition grave ou modérée;

- 140 millions d'enfants âgés de 6 à 11 ans, dont deux tiers de filles, ne sont pas scolarisés;

- 585 000 femmes meurent chaque année des suites de la grossesse ou de l'accouchement, laissant plus d'un million d'orphelins;

2 Regardez le matériel Unicef (à gauche) et préparez vos réponses aux questions suivantes.

1 Quel est le but de l'organisation?
2 Dans quels pays imaginez-vous que Unicef fait le plus de travail? Justifiez votre réponse.
3 Quelles sont peut-être les causes de la malnutrition enfantine?
4 Pourquoi est-ce que tant d'enfants ne sont pas scolarisés?
5 Pourquoi pensez-vous qu'il y ait plus de filles que de garçons non scolarisées?
6 Quelle est votre réaction personnelle à ce fait?
7 Que peut faire une organisation comme Unicef pour aider les orphelins?
8 Que peuvent faire les individus qui veulent soutenir Unicef?

3a "Pourquoi nous occuper du Tiers-Monde face à tous les besoins urgents qui nous entourent en Europe?" Ecrivez environ 250 mots pour expliquer votre réaction à cette citation.

3b Ecrivez le texte d'un dépliant intitulé *La charité bien ordonnée commence-t-elle par soi-même?* où vous encouragez ceux qui souhaitent aider les autres, soit dans leur propre ville, soit dans le Tiers-Monde.

4 **S[⊙]** Ecoutez et répétez les expressions-clés.

a Comme de nombreux SDF, Patrick Dullin est chômeur en fin de droits.
b Il a tendance à fuir les centres d'hébergement où il se sent parqué comme un animal inutile.
c Combattre l'exclusion, est-ce une responsabilité collective ou individuelle?
d La convention internationale sur les droits de l'enfant garantit à tout enfant ses besoins vitaux: santé, alimentation, éducation, logement, approvisionnement en eau.
e Les volontaires occidentaux qui travaillent dans le Tiers-Monde peuvent être la voix des gens sans voix.

Questions de santé

Après cette unité, vous saurez aborder les thèmes suivants:

- ◆ les risques associés à l'abus d'alcool
- ◆ le système de santé en France
- ◆ les qualités requises pour travailler dans l'humanitaire
- ◆ l'importance d'une alimentation équilibrée

Vous saurez mieux:

- ◆ écrire un résumé en français
- ◆ construire des phrases simples et complexes

Les Français et leur santé

- ■ pour 77%, la santé est une affaire personnelle (alimentation équilibrée, restrictions sur l'alcool et le tabac, etc.)
- ■ pour 51%, c'est un problème de cadre de vie ou de travail
- ■ pour 16%, c'est l'affaire des médecins

1 　Discutez avec un(e) partenaire.

Pour vous, c'est quoi être en bonne santé?

- ◆ Comment gardez-vous la forme? Comparez votre alimentation.
- ◆ Buvez-vous? Fumez-vous?
- ◆ Que savez-vous des effets de l'alcool et du tabac?

Les dons humanitaires sauvent des vies

0,15€ = un vaccin contre la rougeole

2,5€ = un traitement contre le choléra

25€ = un traitement contre la tuberculose

30€ = une intervention chirurgicale

2 　Que pensez-vous de l'action des organisations humanitaires de santé? Faites-vous des dons? Aimeriez-vous partir comme volontaire? Pourquoi? Discutez avec un(e) partenaire.

3 　Que savez-vous du système de santé en France? Qu'est-ce que le dessin ci-dessus semble en dire? Pensez-vous qu'il soit meilleur qu'en Grande-Bretagne? Pourquoi?

A la bonne vôtre!

La consommation d'alcool augmente chez les jeunes Français. Savent-ils à quel point ils risquent des ennuis de santé? Votre rôle: préparer une campagne de sensibilisation à ce problème.

Chez les 19–20 ans
- 26% des filles et 11% des garçons ne boivent pas du tout.
- 43% consomment de l'alcool au moins une fois par semaine.
- 10% des filles et 33% des garçons boivent plus de deux verres par jour.
- Les garçons sont ivres plus de six fois par an, les filles plus de trois fois.
- Les jeunes boivent surtout le week-end (52% le samedi, 18% le vendredi et 19% le dimanche) et surtout chez des amis.
- 64% consomment des alcools forts.

1 En groupe, préparez des questions pour un sondage sur la consommation d'alcool dans la classe. Comparez avec les chiffres ci-dessus.

Exemple: Est-ce que tu bois de l'alcool? Quand est-ce que tu bois?

2a Que savez-vous des effets de l'alcool? Faites le test (à droite) à deux.

2b Faites des recherches sur l'alcool. Préparez un quiz pour vos camarades.

L'ALCOOL: Vrai ou faux?

1 L'alcool n'est pas digéré et passe dans le sang en quelques minutes.

2 Si on boit l'estomac vide, l'absorption de l'alcool est plus lente.

3 Les filles sont moins sensibles à l'alcool que les garçons.

4 L'alcool ne fait pas grossir parce qu'il n'y a pas beaucoup de calories.

5 L'alcool désaltère et coupe la soif.

6 Un café fort et une douche froide font baisser l'alcoolémie*.

7 Rajouter du jus de fruit ou du soda ne diminue pas le taux d'alcool d'une boisson.

8 L'alcool ne crée pas de dépendance physique ni psychologique.

9 L'alcool n'est pas la cause de cancers.

10 Après deux verres d'alcool, on perd un quart de sa vision latérale.

11 Il ne faut pas boire plus de trois verres d'alcool si on veut conduire.

12 L'alcool est la première cause d'accidents mortels de jeunes sur la route.

* L'alcoolémie: taux d'alcool dans le sang

3a  Ecoutez ces jeunes expliquer pourquoi ils boivent ou ne boivent pas. Retrouvez les mots-clés de chacun dans la liste.

alcool fort
bière
conscient des conséquences
déconnecter
se détendre, s'amuser
habitudes de la famille
mort
oublier les problèmes
par goût
pas le moral
la pression des autres
résister
violence
week-end, fêtes et soirées

3b A partir des mots-clés, résumez brièvement ce que dit chacun.

Exemple: *Cédric boit de la bière le week-end, pendant les fêtes et les soirées. Il boit par goût mais aussi …*

4 *Zoom langue: l'ordre des mots dans la phrase.*
Réécrivez dans le bon ordre ces phrases-puzzle sur les problèmes liés à l'abus d'alcool.

Exemple:
les comportements • trois fois plus nombreux. • Après une consommation • violents sont • excessive d'alcool
= *Après une consommation excessive d'alcool, les comportements violents sont trois fois plus nombreux.*

1 sur la route. • des jeunes • est la première cause • L'abus excessif d'alcool la nuit • d'accidents mortels

2 quand on a trop bu. • de violence • Le risque d'être victime • plus important • est deux fois

3 passée à trop boire, • est non-protégé. • Après une soirée • un rapport sexuel sur cinq

4 chez les jeunes • par 5 • dix ans plus tard. • La consommation moyenne d'alcool • de 18 ans • est multipliée

---

L'ALCOOL,
parlons-en aussi au lycée!
Clip = 4 séquences

Séquence 1 = 8 secondes: ambiance de fête, un jeune, en gros plan, un verre d'alcool à la main. Vêtements, décor et boisson de la même couleur (rouge) Voix off: «Lui, sa couleur préféré, c'est le rouge.»

Séquence 2 = 2 secondes: silence. Même personnage, en gros plan, figé, visage + vêtements couverts de sang – dans situation dramatique: dans voiture accidentée

LA NUIT, LA CONSOMMATION EXCESSIVE D'ALCOOL EST LA 1RE CAUSE D'ACCIDENTS MORTELS DES JEUNES SUR LA ROUTE

L'ALCOOL
Parlons-en aussi au lycée

Séquence 3 = 2 secondes: texte sur écran annonce le nombre de jeunes morts sur la route par an suite à une consommation excessive d'alcool.

Séquence 4 = annonce de fin: L'alcool, parlons-en aussi au lycée.

5a Préparez le storyboard d'un clip vidéo pour sensibiliser les jeunes aux problèmes liés à l'abus d'alcool. Utilisez les faits, les idées et le vocabulaire des pages 26 et 27. Prenez comme modèle la campagne du gouvernement français ci-dessus.

Pensez à inclure: une situation typique d'abus d'alcool; une conséquence de cet abus; un message.

5b Présentez votre storyboard à la classe. N'oubliez pas de faire des phrases!

Exemple: *Le clip comprend trois séquences. Chaque séquence dure 10 secondes …*

En plus Lisez *Les troubles alimentaires: anorexie et boulimie* (Feuille 7).

La France en forme?

1 Avant de lire cet entretien avec le professeur Alain Carpentier, notez des familles de mots en rapport avec la santé.

Exemple: médecin, médecine, médical, médicament, …

2 Vrai ou faux? Vérifiez en lisant ce que dit le professeur Carpentier de la situation en France.

a Les soins publics sont meilleurs que dans le privé.
b Une partie de la population n'a pas de couverture sociale.
c La recherche médicale n'est pas très développée.
d Il faut améliorer la gestion des hôpitaux.

N. Obs: *Le dernier rapport de l'OMS* sur la santé dans le monde vient de classer la France en tête de son palmarès. [...] Quels sont nos points forts et nos points faibles? Nos spécificités?*

Prof. Alain Carpentier*: Il y a chez nous une tradition médicale très ancienne qui privilégie l'humanisme. J'ai opéré un peu partout et je crois que cet humanisme est au cœur de notre culture. Notre système n'est pas fondé sur l'argent, comme c'est le cas ailleurs. Aux Etats-Unis, vous serez mieux reçu et soigné dans des cliniques* privées que dans des hôpitaux* publics. En France, l'accueil et les soins sont, en gros, partout équivalents. Nos hôpitaux publics ont su garder des médecins de très haute qualité, tout en les payant trois fois moins que dans le privé. [...]

Une autre caractéristique française est la novation médicale. Les Français inventent des procédés nouveaux, ils font avancer les choses. 40% des valves cardiaques utilisées dans le monde sont des inventions françaises. [...]

N. Obs: *Humanisme, innovation …, ce n'est pas si mal. Mais est-ce vraiment propre à la France?*

Prof Alain Carpentier: Oui, je crois et ceci à cause des trois points forts du système de santé français. Le premier point fort est notre système de couverture sociale généralisée [qui] signifie qu'il n'y a plus en France de gens complètement exclus du système de santé [...]

N.Obs: *La couverture sociale généralisée existe aussi ailleurs, en Grande-Bretagne, par exemple …*

Prof Alain Carpentier: Oui, mais de façon un peu hypocrite. En Grande-Bretagne, tout le monde a une couverture sociale mais si vous voulez être opéré des coronaires, il faut attendre un an et demi et vous avez le temps de mourir. Aussi les Britanniques qui le peuvent prennent des assurances complémentaires et se font opérer dans le privé. Il y a là un système à deux vitesses [...]

Le deuxième point fort, c'est notre système hospitalier, très novateur, [qui] propose aux meilleurs des médecins et des chirurgiens de travailler à plein temps à l'hôpital public au lieu de soigner le matin à l'hôpital et l'après-midi en clinique. [...]

N.Obs: *L'instauration d'un secteur privé dans l'hôpital a quand même beaucoup joué …*

Prof Alain Carpentier: [...] Permettre quelques compléments de revenus rend l'hôpital public plus attractif pour des médecins dont les salaires restent globalement très modestes. La nouveauté est de faire soigner tout le monde, riches et pauvres, PDG ou ouvriers, dans l'hôpital public, où ils reçoivent exactement les mêmes soins. Avec un environnement un peu amélioré pour les patients du secteur privé – un lit unique, une télé – mais sans plus. L'important est qu'on ne pratique pas une médecine à deux vitesses. D'ailleurs, le secteur privé est cadré: la loi stipule que le praticien ne doit pas y consacrer plus de 10% de son activité. Certains tirent trop sur la corde, sans doute. Il faut condamner les tricheurs, pas le système, qui nous permet d'avoir des hôpitaux publics plus performants que les cliniques les mieux cotées.

N. Obs: *Le troisième point fort?*

Prof Alain Carpentier: La recherche dans les hôpitaux universitaires. Elle occupe une position très importante justement grâce au plein temps hospitalier. Les meilleurs praticiens peuvent y consacrer une part importante de leur temps parce qu'ils ne sont pas soumis, comme aux Etats-Unis, aux cadences infernales et aux obligations de rendement qu'impose le privé.

N.Obs: *Vous brossez là un tableau brillant. Comment expliquez-vous alors les tensions, les grèves et les crises qui secouent les hôpitaux?*

Prof Alain Carpentier: J'en arrive aux points faibles. Nous assistons à une détérioration progressive de notre système hospitalier. La médecine coûtant cher, on fait un raisonnement simpliste: "Diminuons les moyens et nous diminuerons les coûts". Il faut en réalité concentrer les moyens et optimiser leur utilisation. [...]

Il faut intégrer dans la formation médicale des notions de gestion hospitalière, associer les chefs de service aux efforts de rationalisation [...]

N.Obs: *Finalement, votre diagnostic?*

Prof Alain Carpentier: Nous avons d'excellents médecins mais pas d'excellents hôpitaux. Si nous ne savons pas innover sur le plan administratif, notre excellent système risque de se détériorer [...].

© le Nouvel Observateur

* OMS: Organisation Mondiale pour la Santé
* Professeur, coordinateur du département de chirurgie cardio-vasculaire et de transplantation d'organes de l'hôpital Broussais-Georges-Pompidou
* une clinique: établissement privé
* un hôpital: établissement public

3a Répondez aux questions (nombre de détails à donner entre parenthèses).

1 Selon A. Carpentier, sur quel principe de base est fondé le système de santé en France? (3)

2 Quels sont, selon lui, les trois points forts de ce système? (3)

3 Que dit-il du système britannique? (3)

4 Que dit-il des soins publics et privés en France? (2)

5 Qu'apporte, d'après lui, la présence d'un secteur privé dans l'hôpital public? (2)

6 Pourquoi le secteur public fait plus de recherches médicales que le secteur privé? (2)

7 Quel est, selon le professeur, le principal point faible du système français? (1)

8 Quelle solution suggère-t-il? (1)

3b Résumez en français ce que le professeur Carpentier dit du système de santé en France. Utilisez vos réponses aux questions ci-dessus pour vous aider.

4 *"Le système de santé français n'est pas fondé sur l'argent."* **A** fait une liste des arguments en faveur de cette opinion, **B** fait une liste d'arguments contre. Basez-vous sur le texte mais aussi sur vos propres idées. Discutez!

Exemple:

A *C'est vrai parce que c'est un système égalitaire.*

B *Je ne suis pas d'accord. Les médecins ne veulent pas rester dans le secteur public parce qu'ils y gagnent moins d'argent.*

5 Ecoutez le bulletin d'information sur la santé en France et en Grande-Bretagne. Que dit-on sur les points suivants?

a la participation financière du patient britannique

b les dépenses de santé en Grande-Bretagne et en France

c la raison du grand nombre de consultations en France

d les inconvénients du système britannique (5)

e la conséquence sur le système de santé

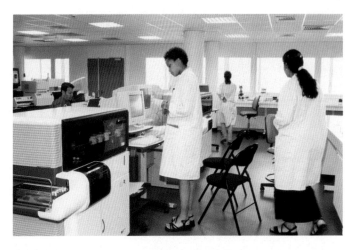

6a *Zoom langue: la phrase complexe.* Adaptez ces phrases pour n'en faire qu'une, en utilisant les mots de liaisons donnés.

Exemple:

Le reporter parle du National Health Service. Les Britanniques ne semblent pas satisfaits du NHS. (*dont*)
Le reporter parle du National Health Service, dont les Britanniques ne semblent pas satisfaits.

1 Le patient britannique ne paie pas le généraliste. C'est l'Etat qui paie le généraliste selon le nombre de patients sur sa liste. (*qui*)

2 Les médecins français multiplient les consultations. Une raison pour cela est qu'ils sont payés au nombre de consultations. (*parce que*)

3 La médecine privée est très performante. Seuls les plus riches peuvent se permettre cette médecine privée. (*que*)

4 Il y a du gaspillage de médicaments. Beaucoup de ces médicaments sont prescrits inutilement. (*dont*)

5 Les consultations avec le généraliste sont plus courtes en Grande-Bretagne. Elles durent cinq minutes en Grande-Bretagne, contre 14 en France. (*où*)

6b Résumez brièvement le bulletin d'information en français.

7 Comparez le système de santé en France et en Grande-Bretagne. A votre avis, l'un est-il meilleur que l'autre?

En plus Le professeur Carpentier parle du "système de santé à deux vitesses" en Grande-Bretagne. Etes-vous d'accord? Expliquez votre point de vue.

Santé sans frontières

La réputation de la France dans l'action humanitaire n'est plus à faire (Médecins sans Frontières, Médecins du Monde, etc.). Des milliers de Français veulent participer à cet élan de solidarité. Mais les bons sentiments suffisent-ils?

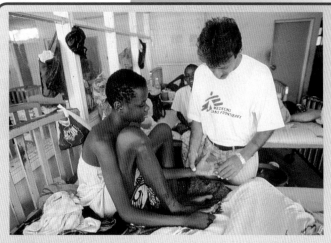

Les ONG* croulent sous des avalanches de coups de fil. Un boulanger, une libraire, une secrétaire, un prof, un étudiant veulent partir. Tout de suite. Quand on leur explique que l'action humanitaire ne s'improvise pas, ils sont étonnés. Déçus. Choqués, même: *"Mais enfin, vous avez besoin de bras!"* Oui, l'humanitaire a besoin de bras … mais par n'importe lesquels. […] Son organisation et son recrutement obéissent à des règles extrêmement strictes, qui privilégient cinq profils.

1 Les bons sentiments ne suffisent pas. Pour monter un programme nutritionnel au Kosovo, piloter des actions de déminage au Cambodge, il faut parfaitement maîtriser des techniques, un métier. […] L'humanitaire devient aussi sélectif que n'importe quelle entreprise. Car les ONG recherchent des profils précis: des médecins, des professions médicales, mais aussi des logisticiens, des gestionnaires, des spécialistes de la nutrition, de la sécurité alimentaire, de l'eau, de l'assainissement, de la réhabilitation. Certaines associations font appel à des travailleurs sociaux. Partout les candidats doivent parler une langue étrangère, avoir au moins 22 ans et une expérience professionnelle. Pour ceux qui ont la vocation mais pas le profil technique, il existe des formations.

2 *"Les ONG recrutent des personnes expérimentées parce qu'en situation de crise grave notre énergie n'est pas mobilisée par notre pratique médicale, mais par beaucoup d'autres choses."* explique une infirmière anesthésiste de Poitiers, envoyée en Albanie pour Action contre la Faim. Organisation, soutien psychologique, situations périlleuses, tensions politiques … Il suffit de regarder le journal télévisé pour s'apercevoir qu'une infirmière d'urgence ne se contente pas de faire des piqûres. Les hommes et les femmes de l'urgence doivent affronter toutes sortes de stress. […] Quelques bons médecins, logisticiens, administrateurs, aguerris aux situations d'urgence, volent ainsi d'une situation dramatique à une autre. Ils alignent les contrats, tantôt pour Médecins sans Frontières, Médecins du Monde, etc. […]

3 Même pour les situations d'urgence, les ONG recrutent des personnes pouvant se libérer pour au moins six mois à un an. Handicap International propose des contrats de deux ans. Il n'y a guère que dans les cas extrêmes que ces périodes sont plus courtes. […] Prendre un "congé de solidarité internationale" est tout à fait légal. Pour pouvoir en profiter, il faut au moins un an d'ancienneté et prévenir un mois à l'avance son employeur. Mais l'employeur peut refuser au nom de la bonne marche de l'entreprise. En cas d'urgence, un employé peut solliciter un congé de six semaines au maximum, avec préavis de 48 heures.

4 Les ONG veillent scrupuleusement à ce que la volonté de départ des candidats ne soit pas purement et simplement un désir de fuite après un coup de blues ou un échec: *"Il nous faut des personnes adaptables, capables de résister à un fort stress et de vivre en collectivité 24 h sur 24"*, résume Florence Licci, chargée du recrutement à Action contre la Faim. Bien sûr le goût de l'aventure, la curiosité intellectuelle – être sur le terrain, comprendre ce qui se passe vraiment –, la recherche d'une vie intense sont aussi de gros facteurs de motivation. Tous le reconnaissent. D'ailleurs les humanitaires ne font pas que soigner. Ils témoignent […].

5 Certains humanitaires sont salariés, mais la plupart partent avec le statut de volontaires, pris en charge (voyage, nourriture, etc.), assurés et défrayés le temps de la mission. […] *"L'humanitaire se professionnalise de plus en plus. C'est pourquoi nous envisageons, pour fidéliser les humanitaires, d'instaurer le statut de salarié pour nos volontaires"*, explique Florence Licci. En attendant, les ONG insistent beaucoup au moment de l'embauche pour que les humanitaires pensent à l'après, c'est-à-dire réfléchissent au retour à une vie professionnelle normale. Car si l'on ne fait pas généralement carrière dans l'humanitaire, il est un fait que l'expérience acquise dans ce domaine peut valoriser un CV aux yeux de certaines entreprises.

[Jacqueline de Linares]

© le Nouvel Observateur

---

* ONG: organisation non-gouvernementale qui conduit des actions humanitaires

1 Lisez l'article du *Nouvel Observateur* sur l'humanitaire. Reliez ces sous-titres aux paragraphes correspondants. Justifiez votre choix.

a Des professionnels expérimentés

b Des volontaires désintéressés mais lucides

c Des spécialistes médicaux et techniques

d Des candidats libres pour plusieurs mois

e Des volontaires motivés et solides

2 Répondez aux questions et comparez vos réponses avec un(e) partenaire.

1 Pourquoi l'action humanitaire n'est-elle pas seulement une question de bonne volonté?

2 Pourquoi est-il important d'avoir de l'expérience dans un métier?

3 A votre avis, pourquoi les ONG préfèrent-elles les engagements à long terme (6 mois et plus)?

4 Quelles sont les bonnes et les mauvaises raisons de partir avec une ONG?

5 Quel serait l'avantage pour une ONG d'avoir des humanitaires salariés?

6 En quoi une mission humanitaire peut-elle valoriser un CV?

3 Ecoutez l'interview d'Isabelle Pasquier, une infirmière en mission humanitaire en Afrique. Notez ce qu'elle dit à propos:

◆ des conditions de vie et de travail en mission

◆ des qualités nécessaires du volontaire

◆ des avantages de partir en mission humanitaire

4 *Zoom langue: savoir utiliser la langue de façon "économique".* Réduisez les phrases tirées de l'enregistrement en remplaçant les éléments soulignés par des substantifs.

Exemple: Le plus dur, c'est <u>de ne pas pouvoir</u> être seule …

Le plus dur, c'est l'impossibilité d'être seule …

a On apprend <u>à être plus tolérant</u> et <u>à respecter</u> <u>ce que pensent</u> les autres.

b Si <u>on est bien équilibré psychologiquement</u>, on peut mieux gérer le stress.

c <u>Ce qui motive le plus les gens qui partent volontairement en humanitaire</u>, c'est la solidarité.

5 Basez-vous sur le texte de la page 30 et sur l'enregistrement pour écrire un résumé d'environ 300 mots sur le thème de l'humanitaire. Concentrez-vous plus particulièrement sur:

◆ les motivations possibles des candidats

◆ les conditions de vie en mission

◆ le profil idéal de l'humanitaire

Utilisez les techniques de l'activité 4 pour améliorer la qualité de votre langue.

LA SANTE EST UN DROIT POUR TOUS

Et pourtant en France comme ailleurs des personnes meurent faute de médicaments

Depuis 1985 **PHARMACIENS SANS FRONTIERES** lutte ICI et LA-BAS pour l'amélioration de la santé

De Vaisons-la-Romaine à Sarajevo nos 83 antennes en France et 30 missions dans le monde poursuivent le même but : soulager ceux qui souffrent

NOUS AIDER, C'EST AGIR

❑ Je désire soutenir **PHARMACIENS SANS FRONTIERES**, vous trouverez ci-joint un chèque correspondant à un don de .... FF
❑ Je désire devenir **Donateur Actif**, et recevoir à ce titre toutes les publications de **PHARMACIENS SANS FRONTIERES**.
Veuillez trouver ci-joint un chèque de soutien annuel de : ❑ 250 FF - ❑ 500 FF - ❑ .... FF

P.S.F. est une association Loi 1901, reconnue d'intérêt général. Vous recevrez donc un reçu de déductibilité fiscale.

Nom : .... Prénom : ....

Adresse : ....

.... Tel. : ....

A RETOURNER A **PHARMACIENS SANS FRONTIERES**
4, voie militaire des Gravanches - 63100 CLERMONT-FERRAND - Tel. : 73.98.24.98

6a A votre avis, quel est le profil idéal pour partir avec *Pharmaciens sans Frontières*?

6b **A** est chargé(e) du recrutement à *Pharmaciens sans Frontières* et prépare une liste de questions à poser au candidat **B**. **B** s'imagine une identité et prépare son CV. Imaginez l'entretien.

En plus Ecoutez un volontaire pour l'association Sol En Si (Solidarité Enfants Sida) et faites les activités sur Feuille 8.

The activities on this spread will help you to:

● write a summary in French

Compétences

> UNE BONNE ALIMENTATION EST UNE ALIMENTATION VARIÉE.

> ÇA C'EST VRAI! MOI, LE MARDI ET LE VENDREDI, JE REMPLACE LE BURGER-FRITES PAR UNE PIZZA-CHIPS!

72% des Français pensent que l'alimentation agit directement sur la santé.

25% des Français s'informent et surveillent leur alimentation pour être en bonne santé.

Summarise in French an interview with a dietician on how food affects health. Do this step by step with activities 1–4, discussing your answers with a partner.

1 🔲 Listen to the interview, firstly for gist.

  a How many sections are there in the interview?
  b Note the reporter's questions.
  c Sum up the dietician's viewpoint in one sentence.

2 🔲 👥 Listen again to the first section and read the following notes. Which are key points and which are details? Discuss with a partner.

  a bonne alimentation = une meilleure forme
  b bienfaits de l'huile d'olive
  c ail fluidifie le sang
  d 500 g d'ail cru par semaine
  e médias créent psychoses alimentaires
  f le gras – pourtant bénéfique – banni dans les années 80
  g beurre = source de vitamine A
  h vitamine A pour bonne vision
  i charcuterie, source de fer
  j ne pas suivre toutes les modes alimentaires!

3 🔲 👥 Listen again to the second section. The sentences below summarise key points. Which is the better sentence in each pair? Why? (See *Grammaire*, p.33).

> **1a** On souffre peu de carences, d'obésité ou de maladies cardio-vasculaires liées à une mauvaise alimentation en France.
> **1b** En France, on souffre peu de carences, d'obésité ou de maladies cardio-vasculaires liées à une mauvaise alimentation.

> **2a** Pascale Paul, comme les médecins, approuve le régime alimentaire français assez équilibré.
> **2b** Pascale Paul approuve le régime alimentaire français assez équilibré comme les médecins.

> **3a** On doit surtout mettre en garde les jeunes qui aiment le fast-food, que la diététicienne accuse d'être dangereux, contre les régimes alimentaires des Américains qui sont mal équilibrés.
> **3b** On doit surtout mettre en garde les jeunes amateurs de fast-food, qui peut être dangereux selon la diététicienne, contre les régimes alimentaires mal équilibrés des Américains.

4 🔲 👥 Listen again to the third section. Which six words and phrases from the following list best sum up the passage? Use them in two sentences.

bien dans sa peau • bon sens • céréales • cuisine du monde • curiosité • de tout • fruits et légumes • imagination • modération • plaisir • poisson • viande rouge • tous les jours

5 Now summarise the whole interview in French, focussing on the following points.

  ◆ l'influence de l'alimentation sur la santé
  ◆ les problèmes liés à la "mal bouffe"
  ◆ le régime alimentaire idéal

Grammaire ➡️ p.117–125, p.136–8

Building French sentences

Good sentence building will improve the quality of your writing.

● Word order in simple sentences

(A) Check you know the position of the following and make up sentences with the elements given:

adjectives

un repas + *bon, petit, sain, nutritif, équilibré*

adverbs

Les jeunes oublient de manger le matin + *trop, souvent*

object pronouns

La publicité présente l'alcool aux jeunes comme étant "cool". (le, leur)

negation

J'ai fumé + *ne … plus, jamais*

● The usual word order in a simple sentence is:

subject + verb + object + complement (how, where, when, etc.)

However, this order is flexible for stylistic impact providing the meaning remains clear.
Souvent le matin, les jeunes oublient de manger.

You can also use expressions such as *C'est … qui/que, il y a … que/qui, Aussi/Ainsi,* to create impact:

<u>Il y a</u> beaucoup de gens <u>qui</u> sautent le petit déjeuner.
<u>C'est</u> pourtant le repas <u>qui</u> apporte les vitamines de la journée.
<u>Aussi faut-il</u> souligner son importance.

● Complex sentences

Again, meaning is paramount.
Use link words to articulate various clauses (eg: *mais, bien que,* etc.).
Position relative clauses carefully to produce meaning.
Make sure it is clear what pronouns or relative clauses refer to.

(B) Keeping the above in mind, rewrite sentences 1a, 2b and 3a in activity 3 (page 32).

(C) Write one sentence containing all the following elements, using relative pronouns and link words.

- ◆ Il s'agit du petit déjeuner dans cet article.
- ◆ Le petit déjeuner est un repas essentiel.
- ◆ On saute souvent le petit déjeuner en France.
- ◆ Le petit déjeuner alimente le corps en énergie.

En plus For more practice at building French sentences, read the text *Les jeunes et les régimes* (Feuille 9).

Au choix

1 **S▣** Ecoutez ce bulletin d'information sur le coût social de l'alcool. Résumez-le en français en mentionnant les points suivants:

- les résultats de l'étude
- la place de l'alcool
- la spécificité de la France en Europe
- l'attitude vis-à-vis de la prévention

2 **👥** Partenaire **A**: vous voudriez partir en mission humanitaire mais vos parents sont contre. Essayez de les convaincre. Partenaire **B** joue le rôle de votre père/mère.

3 Lisez l'annonce et répondez aux questions oralement.

1 De quoi s'agit-il?
2 En quoi ce répertoire peut-il être utile aux jeunes?
3 Que pensez-vous du format?
4 Selon vous, quels autres thèmes serait-il utile d'aborder?

Aidez les **jeunes** à prendre **leur santé en main**

Une question, une inquiétude? Oui, mais à qui en parler? Pour favoriser l'accès des jeunes aux soins, la Fondation de France édite un répertoire pliable à glisser dans toutes les poches. Pas plus grand qu'une carte téléphonique, "Adresses santé jeunes" rassemble une mine d'informations pratiques classées par thèmes: tabac, alcool, drogues, sexualité, sida, déprime, exclusion, violence, hébergement d'urgence et accès aux droits. [...] Ces répertoires sont diffusés dans de nombreux lieux d'information, d'écoute et de soins.

Renseignements: 01 44 21 31 28

4 Choisissez un des thèmes suivants et écrivez environ 350 mots, en donnant votre opinion.

- L'alcool devrait-il devenir une drogue illicite?
- Pour ou contre un système de santé privé?
- En quoi la France a-t-elle une tradition médicale humaniste?
- Peut-on manger sainement aujourd'hui? Justifiez votre réponse.

5 Traduisez ces phrases en français. Essayez d'utiliser les expressions entre parenthèses!

a Many young people are often forced into drinking by peer pressure. (*c'est … qui*)

b The French appreciate their healthcare system but they are made to pay a lot for it. (*le leur fait payer*)

c The main quality required of volunteers is being able to adapt easily to stressful conditions. (*que l'on exige de*)

d A lot of people are unaware of the importance of a healthy and balanced diet. (*il y a … qui*)

e *Médecins sans Frontières* is an organisation many French young people would like to work for. (*pour laquelle*)

6 **S▣** Ecoutez et répétez les phrases suivantes.

a On boit par goût, pour se détendre mais le plus souvent sous la pression des autres.

b La mauvaise gestion des hôpitaux est le point faible du système de santé de la France, par ailleurs reconnu comme le meilleur du monde.

c Pour partir en mission humanitaire, il faut avoir un bon équilibre psychologique tant les conditions de vie et de travail peuvent être difficiles.

d Bien qu'ils sachent qu'un régime alimentaire sain et équilibré est nécessaire pour être et rester en bonne santé, seulement 25% des Français surveillent leur alimentation.

1a 🔊 Ecoutez le reportage sur le travail des enfants et complétez les phrases.

a Concernant le travail des enfants, l'Unicef souligne la différence entre …

b Certaines organisations en Inde parlent des droits des enfants concernant … et …

c Mais au pire cas, le travail des enfants est une sorte de … qui …

d En 1998, 250 millions d'enfants …

e Par exemple, au Mali … et au Brésil …

f En Europe pourtant … Par exemple, au Portugal …

g Dans l'avenir, on s'attend à ce que … et que …

h Il reste à savoir si le travail des enfants devrait être … ou …

1b 🔊 Réécoutez et trouvez les expressions qui correspondent aux phrases suivantes.

a that which can't be tolerated
b full time
c Asia is ahead
d closely followed by
e less prevalent
f these figures continue to rise
g the distribution of wealth
h a fact

1c Ecrivez un résumé du reportage tenant compte des points suivants:

♦ la différence importante à établir
♦ l'exemple indien
♦ la situation de 250 millions d'enfants âgés de 5 à 14 ans
♦ une comparaison entre l'Asie, l'Afrique et l'Europe en ce qui concerne le travail des enfants
♦ la question qui reste ouverte

Depuis 20 ans les problèmes s'aggravent sans que les politiques aient réussi à les régler :

20 ANS DE CRISE

- Le chômage est à l'origine de la plupart de nos problèmes, il touche 1 jeune sur 4 et 3,5 millions de Français.

- Le **chômage** engendre l'exclusion, la **délinquance**, la **toxicomanie**.

- Le chômage ruine l'Etat et **détruit le modèle social français** seul à même de faire reculer l'exclusion.

- La **mondialisation non maîtrisée** de l'économie menace les véritables progrès sociaux, le "dumping social" oblige nos entreprises surtaxées à se délocaliser.

© *Le Rassemblement pour la République*

2 👥 Regardez le document *20 ans de crise* et préparez-vous à discuter les questions suivantes avec un(e) partenaire ou avec votre assistant(e) français(e).

a C'est quoi, ce document?

b A qui s'adresse-t-il? Comment le savez-vous?

c On dit que le chômage est à l'origine de la plupart de nos problèmes. Qu'en pensez-vous?

d Quelles solutions est-ce qu'on propose ici? Quelles autres solutions proposeriez-vous?

e On parle ici de 'faire reculer l'exclusion'. C'est quoi, l'exclusion? Et comment la combattre dans la France d'aujourd'hui?

f Quels sont les autres thèmes politiques que vous jugez importants?

g Que pensez-vous de ce document en tant que moyen d'intéresser les jeunes à la politique?

3a Lisez le texte sur l'école de l'asthme à Nantes ci-dessous et traduisez en anglais le paragraphe qui commence par 'L'école de l'asthme de l'hôpital mère-enfant …'.

3b Traduisez les phrases suivantes en français en vous référant au texte.

   a France's three million asthmatics can learn to deal better with their illness thanks to more effective treatments.

   b One third of asthmatics are under 15 and one child in ten is affected in France.

   c Many are not on medical treatment and many do not take their medication correctly.

   d 95% of asthma cases can be treated effectively.

   e But the disease has spread widely over the last 20 years.

L'asthme se soigne mais cela s'apprend

A Nantes, une 'école' aide les enfants à lutter contre la maladie.

Des patients mal préparés à affronter la maladie: malgré des traitements toujours plus efficaces, on compte en France trois millions d'asthmatiques. Hier, la Journée mondiale de l'asthme a misé sur la prévention, comme le Centre hospitalier universitaire de Nantes.

L'Ecole de l'asthme de l'hôpital mère-enfant du CHU de Nantes est née il y a deux ans, à l'initiative d'une pédiatre-pneumologue, Valérie David. Pourquoi? Tout simplement parce que, rappelle le docteur Daniel Siret, qui travaille à ses côtés, l'asthme est 'la maladie chronique la plus fréquente' qui affecte jusqu'à un enfant sur dix dans certains pays développés. Il existe plusieurs dizaines d'Ecoles de l'asthme en France. C'est peu quand on recense quelque trois millions d'asthmatiques, dont un tiers ont moins de quinze ans. Même si la maladie disparaît dans les trois quarts des cas à l'âge adulte, l'asthme reste en forte progression sur les vingt dernières années.

'Il est important de suivre à l'hôpital un si grand nombre de patients' explique Daniel Siret. 'Cela nous a conduit à rechercher de nouvelles approches dans le traitement de la maladie.' Des études ont aussi montré que seul un tiers des asthmatiques sont suivis médicalement et que, parmi ceux-ci, seuls 40% prennent correctement leurs médicaments. D'autant plus dommage qu'aujourd'hui il existe des traitements efficaces pour 95% des cas d'asthme.

Le long calvaire des otages de Jolo

La caméra tourne autour des visages émaciés, fatigués par le manque de sommeil et l'attente, s'attarde sur les regards cernés, à moitié effrayés par la présence d'une équipe de télévision, avant de zoomer sur les pieds nus maculés de boue, séquelles d'une longue marche à travers la jungle. Puis les dix otages occidentaux déclinent leur identité en fixant l'objectif, manière de prouver qu'ils sont tous vivants malgré une santé faiblissante …

Quelques paroles sur leurs conditions de détention: 'On n'a pas d'eau, c'est le Moyen Age. Je mange du riz et n'ai pu changer mes vêtements qu'une fois', témoigne, en anglais, l'otage française Sonia Wendling. 'Nous avons tous des problèmes digestifs' ajoute son ami Stéphane Loisy. Un mot aux familles. 'Je veux rentrer le plus vite possible. Il faut que nos proches gardent confiance,' poursuit Sonia. Une femme sud-africaine s'effondre en sanglot: 'Mon fils me manque.'

Le dernier message, lui, est directement adressé aux autorités philippines et aux gouvernements occidentaux: 'Il faut trouver une solution pacifique', conclut un prisonnier.

Tournées samedi dans une cabane en bois au sol recouvert de nattes par une journaliste indépendante philippine, ces premières images des vingt et un touristes enlevés le dimanche de Pâques sur l'île malaisienne de Sipadan ont été diffusées sur les télévisions du monde entier. Six minutes pour rassurer après une semaine d'angoisse. On ne verra pas les ravisseurs, mais on devine leur présence, de l'autre côté de la caméra.

4 Lisez *Le long calvaire des otages de Jolo* et décidez si les phrases suivantes sont vraies (V), fausses (F) ou non données (ND).

   a On tourne un film sur une histoire d'otages.

   b On connaît le nom de tous les otages.

   c Leur état de santé est inquiétant.

   d Un médecin les a examinés.

   e On demande aux familles de ne pas trop s'inquiéter.

   f Les otages ont déjà discuté leur cas avec les autorités philippines.

   g Les otages entrent dans leur troisième semaine de captivité.

   h Ils ont pu élaborer un plan d'évasion.

5 Ecrivez un extrait du journal d'un des otages de Jolo (environ 150 mots).

Les transports

Après cette unité, vous saurez aborder les thèmes suivants:

- l'importance de la voiture dans notre société
- les causes des accidents de la route
- la politique en matière de transport urbain
- les problèmes de l'environnement causés par la circulation

Vous saurez mieux:

- vous servir de la voix passive
- utiliser des conjonctions variées
- expliquer un article anglais à une personne qui parle français

1 Pour chaque photo, répondez aux questions 1–3.

1 De quoi s'agit-il ici?

2 Que pensez-vous de ce moyen de transport?

3 Quels en sont les avantages? Et les inconvénients?

La civilisation automobile

Quelle est l'importance de la voiture dans notre société?
L'automobile présente-t-elle plus d'avantages que d'inconvénients?
Comment sera la voiture de demain?

1 **👥** Quelle est l'importance de la voiture pour vous? Répondez aux questions et discutez avec un(e) partenaire.

   1 Avez-vous le permis de conduire?
   2 Votre famille possède-t-elle une voiture?
   3 Quand vos parents utilisent-ils la voiture?

2a Lisez l'article et complétez les phrases suivantes.

   a Les Français utilisent leur voiture pour …
   b Pour la plupart, ils apprécient le confort de vie plus que …
   c En second lieu les automobilistes disent qu'ils aiment …
   d Pour 75% des Français, la voiture est …
   e S'ils n'avaient pas de voiture, 33% des Français …
   f En conclusion, la majorité des Français trouvent que …
   g Côté négatif: les Français pensent que la voiture est …

2b Faites une liste des avantages de la voiture dans la vie quotidienne.

2c Lisez l'article et décidez lequel des éléments suivants n'est pas mentionné dans le texte.

   a Sans voiture, on n'aurait pas assez de temps pour faire beaucoup de choses.
   b Beaucoup de Français vont au travail en voiture.
   c Certains des sondés aiment conduire vite.
   d Les trajets en voiture coûtent moins chers que ceux en transports publics.

La place de l'automobile dans la société

Une étude récente nous rappelle qu'une dimension essentielle structure le rapport à l'automobile dans la société française de l'an 2000: celle de la qualité de vie au quotidien. L'automobile est d'abord l'instrument qui permet de gagner du temps, de faire ses courses plus commodément, de se déplacer plus confortablement, de sortir plus facilement, d'accompagner ses enfants dans leurs activités, ou de se rendre au travail. Cette mobilité, ce confort de vie apporté par l'automobile supplante, dans les représentations collectives, la notion de plaisir (de la conduite ou de la vitesse), qui n'intervient que beaucoup plus secondairement.

D'où la très grande difficulté des Français à s'imaginer sans automobile: les trois quarts de ceux qui disposent d'une voiture dans leur foyer déclarent que s'ils devaient s'en passer, elle leur manquerait beaucoup (un tiers déclarent même qu'ils seraient contraints de déménager).

D'où également l'idée, partagée par 82% des Français, que l'automobile présente pour la société française plus d'avantages que d'inconvénients. Cette idée prévaut massivement dans toutes les catégories de la population, quels que soient le sexe, l'âge, ou l'appartenance socio-professionnelle des interviewés.

Pour autant, les Français montrent une grande sensibilité aux risques et aux nuisances liés à l'automobile. Ainsi, plus d'un Français sur deux associe fortement à l'automobile les notions de danger et de pollution.

3a Avant d'écouter le reportage *La voiture de demain*, préparez-vous en traduisant les mots-clés ci-dessous en anglais.

  a le portail Internet
  b le tableau de bord
  c le poids
  d le siège
  e le volant
  f la vitesse
  g le virage
  h ralentir
  i freiner

3b Ecoutez le reportage en direct du Mondial de l'automobile et répondez aux questions.

  1 Qu'est-ce que le conducteur pourra faire en voiture à l'avenir?
  2 Qu'est-ce qu'il pourra faire si la voiture tombe en panne?
  3 Comment les services de secours sauront-ils qu'il y a eu un accident?
  4 Comment fonctionne l'airbag intelligent?
  5 Quel est l'objectif du système Cruise Contrôle Intelligent?
  6 A quoi servent les radars intégrés au véhicule?

3c Que pensez-vous de ces nouveautés? Choisissez trois éléments que vous aimeriez avoir dans votre voiture. Justifiez votre choix.

3d A votre avis, est-ce que ces nouvelles inventions vont contribuer à la sécurité routière, ou est-ce qu'elles ne sont que des distractions? Comparez vos idées avec celles de la classe.

4a Les problèmes associés à la voiture. Classez les phrases suivantes sous les titres ci-dessous.

> les heures d'affluence – les parkings payants – les gaz d'échappement
> les amendes – les bouchons – le stationnement interdit
> le prix de l'essence – les zones piétonnes – les feux rouges
> le prix du carburant – les embouteillages – le bruit

le trafic saturé   les dépenses   la pollution   le stationnement

4b Continuez la liste. Pour chaque titre, ajoutez deux autres phrases.

4c Il est souvent difficile de circuler en voiture en ville. Expliquez les problèmes à un(e) partenaire, en utilisant les expressions suivantes.

Il est difficile / impossible de …
Il faut toujours …
On ne peut pas …
Les automobilistes s'énervent / se fâchent à cause de …

5 *"L'automobile présente pour la société plus d'avantages que d'inconvénients".* Qu'en pensez-vous? Résumez les arguments pour et contre la voiture.

Avant de commencer, relisez *Zoom examen*: Writing a summary in French (p. 32).
Consultez aussi la liste des conjonctions (p. 44).

Quelles sont les principales causes des accidents de la route?
Que faire pour en réduire le nombre?

Vacances mortelles!

La saison estivale qui vient de s'achever a été endeuillée, cette année encore, par un grand nombre d'accidents de la route mortels. Certes, l'on note une légère amélioration par rapport à l'année dernière.

Pourtant, les chiffres sont éloquents: ainsi, lors du week-end du 15 août, qui s'étalait sur 5 jours, 1 393 accidents corporels, 116 tués et 2004 blessés ont été recensés. Du vendredi 30 juin au dimanche 2 juillet, le week-end des premiers départs en vacances, 85 personnes ont trouvé la mort sur le réseau routier français.

La France est l'un des pays européens qui connaît le plus d'accidents de la route. Et pourtant, d'après un sondage, 74% des Français s'estiment bons conducteurs! Pour un grand nombre d'entre eux, "le mauvais conducteur, c'est l'autre".

La première cause d'accident, selon 82% des sondés, c'est l'alcool. Vient ensuite la vitesse excessive (62%) puis le non-respect des priorités et des distances (40%).

© The Guardian, September 2000

1a Expliquez les statistiques du week-end du 15 août en anglais.

Exemple: Over a five-day weekend, the number of casualties was as follows: 1,393 …

1b Reliez les phrases.

1	74% des Français	**a** blâment surtout les conducteurs qui ont trop bu.
2	82% des Français	
3	62% des Français	**b** sont d'avis que les automobilistes qui ne respectent pas le code de la route sont les plus coupables.
4	40% des Français	
		c pensent qu'ils conduisent bien leur voiture.
		d estiment que les accidents sont causés par les gens qui conduisent trop vite.

2a Ecoutez deux jeunes, Jean-Laurent et Virginie, qui parlent des accidents de la route. Notez les trois principales causes d'accidents citées dans l'interview.

2b Ecoutez encore une fois. Pour chaque cause, notez d'autres détails.

2c Quelles sont, selon vous, les principales causes des accidents de la route? Faites un sondage dans la classe.

TOUTES LES DEUX HEURES, LA PAUSE S'IMPOSE

Porto-Vecchio: Sortie de route mortelle

Un homme de 40 ans, Jean-Claude Terrazzoni, originaire de la région, habitant Ajaccio, a perdu la vie avant hier soir, au volant de son véhicule, sur la route menant à Palombaggia.

L'accident a eu lieu à 0h30. Jean-Claude Terrazzoni, qui circulait en direction de Porto-Vecchio, semble avoir perdu le contrôle de son véhicule, pour une raison encore indéterminée.

La voiture, après avoir effectué plusieurs tonneaux, s'est immobilisée sur le bas côté. <u>Le décès a été constaté par le médecin et les pompiers</u> arrivés sur les lieux pour porter secours à l'infortuné chauffeur, dont <u>le corps a été transporté à la morgue par les pompes funèbres.</u>

<u>La brigade territoriale de Porto-Vecchio est chargée de l'enquête.</u>

Ajaccio: Deux blessés dans un accident

Un accident de la circulation s'est produit hier matin, sur la route de Calvi, sortie Mezzavia, à la hauteur du magasin "Gifi".

Pour des raisons encore indéterminées, deux véhicules se sont percutés et l'un d'entre eux a plongé dans le ravin. L'accident a nécessité l'intervention des pompiers qui ont dû dégager le conducteur. Le chauffeur du second véhicule a également été blessé.

Les deux personnes ont été évacuées sur le centre hospitalier d'Ajaccio.

3 Lisez les deux reportages tirés du journal *Corse Matin*. Pour chaque accident, notez en français:

a l'heure et le lieu de l'accident
b le nombre de véhicules concernés
c le nombre de personnes affectées
d ce qui est arrivé
e le nombre de blessés et de morts

4a *Zoom langue: vous souvenez-vous du passif?* Traduisez en anglais les phrases soulignées dans le premier article.

4b Relevez les phrases au passif dans le deuxième reportage, et traduisez-les en anglais.

5 Travaillez avec un(e) partenaire. Les deux accidents en Corse sont arrivés "pour des raisons indéterminées". Quelles en sont les causes possibles? Laquelle vous semble la plus probable? Discutez des possibilités. Ensuite, présentez vos conclusions à la classe.

6a Ecoutez Jean-Laurent et Virginie parler des mesures qui pourraient réduire le nombre des accidents de la route. Notez ce qu'ils disent sur:

◆ le rôle des gendarmes
◆ le rôle des constructeurs
◆ le rôle des campagnes de prévention routière

6b Que pensez-vous de ces propositions? A votre avis, qui joue le rôle le plus important?

7 Préparez un exposé sur les accidents de la route. Expliquez les causes principales des accidents. A qui imputez-vous la responsabilité de l'insécurité routière? Comment peut-on diminuer les accidents de la circulation?

8 Vous travaillez pour un journal régional en France. Ecrivez un reportage sur un accident de la route qui est arrivé. Employez le même style que les reportages de *Corse Matin*, et utilisez au moins cinq verbes au passif.

En plus Préparez une campagne au sujet de la prévention routière. Vous pouvez écrire un dépliant, enregistrer une interview ou une publicité, ou dessiner un poster.

Les déplacements à Strasbourg

Que fait-on à Strasbourg pour résoudre les problèmes de transport en ville?

Pourquoi les Strasbourgeois sont-ils prêts à renoncer à la voiture en ville?

Comment faut-il organiser les déplacements urbains au XXIe siècle?

1a Lisez l'affiche et décidez si les éléments suivants sont vrais (V), faux (F) ou non-donnés (ND).

   a Beaucoup de pistes cyclables ont été créées à Strasbourg.

   b Les déplacements à pied sont priviligiés au centre-ville.

   c La ville est bien desservie par les lignes de tram.

   d Les transports collectifs sont utilisés par plus d'un quart des Strasbourgeois.

   e Les bus au gaz polluent plus que les bus traditionnels.

   f Des mesures ont été prises pour lutter contre le vol des vélos.

   g La vitesse est limitée à 30 km/h dans toute l'agglomération.

1b Comparez la ville où vous habitez avec Strasbourg, telle qu'elle est décrite sur l'affiche.

Imaginez une ville ...

- où 20% des déplacements au centre-ville se font par les transports publics

- où le réseau cyclable s'étend sur 300 km et où il existe des véloparcs gardés

- où 46 stations de tram assurent le transport de plus de 200 000 habitants par jour

- où 50 bus circulent au gaz, qui est beaucoup moins polluant que le diesel, qui rend le moteur moins bruyant

- où la zone piétonne est toujours en pleine expansion et où les zones 30 se multiplient

- où les habitants et les visiteurs peuvent louer un vélo ou une voiture électrique

Strasbourg

Bienvenue à Strasbourg!

2 Lisez *La bicyclette, c'est chouette!* et complétez les phrases suivantes dans le sens du texte.

   a La bicyclette est un moyen de transport pratique en ville parce que …

   b Aux sites Vélocation, les habitants et les visiteurs ont la possibilité de …

   c La Communauté urbaine de Strasbourg espère qu'à l'avenir …

3 Lisez *Les transports collectifs* et expliquez en anglais:

   a the effects of the opening of the tram service in Strasbourg.

   b how Strasbourg encourages people to use public transport.

4 📼 Ecoutez le reportage sur l'ouverture des deux nouvelles lignes de tramway à Strasbourg et répondez aux questions.

   1 Quelles sont les possibilités de stationnement liées aux nouvelles lignes?

   2 Dans la construction du tramway, quel a été le rôle des riverains?

   3 Qu'est-ce qui indique que la Communauté urbaine de Strasbourg s'intéresse à l'environnement?

5 Vous travaillez pour Vélocation à Strasbourg. Avec un(e) partenaire, préparez un spot pour la station de radio locale, pour persuader les automobilistes de se déplacer à vélo.

6 La ville où vous habitez veut développer une politique de déplacements et prépare une demande de fonds auprès de la Communauté Européenne. On vous demande d'écrire un rapport en français, où vous expliquez les problèmes actuels et les solutions proposées. Utilisez les phrases des activités précédentes et les expressions suivantes.

il faut en priorité …
il est nécessaire de favoriser …
il serait préférable de subventionner …
il est indispensable de créer …
pour réduire la pollution, on doit …

En plus Lisez *Le tout-automobile, une ère révolue* (Feuille 10).

La bicyclette, c'est chouette!

La bicyclette possède de nombreux avantages. A la fois silencieux, non polluant, peu encombrant, économique, le vélo est en effet particulièrement adapté aux déplacements en ville, inférieurs dans la majorité des cas à 3km. Afin de développer son utilisation, la Communauté urbaine de Strasbourg a développé un réseau cyclable de quelque 300km, multiplié la signalisation, adopté différentes mesures de prévention du vol. Des sites Vélocation ont été ouverts, largement utilisés par les visiteurs comme par les habitants. Une flotte de vélos de service a été créée à l'attention des agents de la collectivité. L'objectif, en 2005, est qu'un quart des déplacements urbains soient effectués à vélo.

Les transports collectifs

L'arrivée du tram à Strasbourg en 1994 a rendu les liaisons urbaines plus rapides et plus confortables. En 1997, une enquête a mis en évidence une augmentation de 43% de la part transports collectifs dans les déplacements. Les quartiers desservis par le tram ont bénéficié directement de la réduction du trafic automobile et ont vu leur fréquentation par les piétons et les cyclistes augmenter de façon significative.

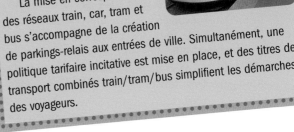

   La mise en correspondance des réseaux train, car, tram et bus s'accompagne de la création de parkings-relais aux entrées de ville. Simultanément, une politique tarifaire incitative est mise en place, et des titres de transport combinés train/tram/bus simplifient les démarches des voyageurs.

En plus Consultez les sites www.strasbourg.fr et www.transports-strasbourg.org pour en savoir plus. Ça vaut le détour!

Zoom examen

The activities on this spread will help you to:

● use the passive voice more confidently
● use different conjunctions
● explain an English article to a French speaker

Grammaire ➡ p.135, p.120 ➡ W p.66

Revision of the passive voice

In French, as in English, the passive is frequently used in newspaper reports, when an impersonal, factual tone is required. Look back at the accident reports on page 41, and the work you did identifying sentences in the passive and translating them.

A Study this news item about an accident on the metro and identify the two passive forms used.

JEUDI 31 AOÛT

PARIS: Une enquête a été ouverte à la suite de l'accident dans le métro parisien à la station Notre-Dame-de-Lorette où 24 personnes ont été blessées mercredi.

B What tense of *être* is used in the text?

C Explain the past participle endings *ouverte* and *blessées*. What do these agree with?

D Now study the text below which outlines *Bison Futé*'s traffic predictions for a summer weekend. Identify the following:

a a passive infinitive ("to be …ed")
b two present tense passive forms ("is / are …ed")
c a future tense passive form ("will be …ed")

E Explain the agreements.

Samedi rouge en province

Bison Futé prévoit en province une journée orange dans le sens des départs et rouge dans celui des retours. Des difficultés sont à craindre dans la vallée du Rhône et dans le Sud-Ouest du côté de Bordeaux. Des difficultés sont prévues jusqu'en début de soirée.

En Ile-de-France, par contre, ce samedi est classé vert. "Pour autant, cette journée ne sera pas exempte d'encombrements", prévient Bison Futé.

En plus For further practice do the grammar activities on Feuille 11.

Conjunctions and relative pronouns

A good way to improve your written French and make it flow better is to link short sentences with conjunctions and relative pronouns.

A Study the conjunctions below and decide when you should use them.
List them under headings:

◆ to contrast things or ideas (e.g. *mais*)
◆ to explain something (e.g. *parce que*)
◆ to elaborate (e.g. *quand*)

B Try to add more examples to your list.

mais car quoique puisque
où donc que bien que
qui
afin que quand
parce que
jusqu'à ce que tandis que

C Choose suitable conjunctions to complete the following sentences.

Le gouvernement s'intéresse maintenant aux transports urbains, … 91% des Français affirment que l'air pollué les menace.
… les gens … habitent en pleine campagne ont besoin de leur voiture, les citadins peuvent utiliser les transports en commun … ils vont au travail.

Compétences

Explaining an article written in English to a French speaker

Talking about an English article in French is not a translation exercise. If you approach it systematically, you should find that you are able to use the French topic vocabulary you have learnt to explain the key ideas.

Read the article below about the European car-free day, then follow the plan to prepare a talk about it in French.

PARK&ride

Given the state of road transport across Europe, it is a delicious irony that today is the first continent-wide "car-free day", when we are encouraged to leave vehicles at home. Thirteen of the European Union's 15 members signed up and a 14th, the Netherlands, is holding its own car-free day on Sunday. The odd man out is – no surprises – the United Kingdom.

The UK's curmudgeonly approach to the politics of the environment is in sharp contrast to that of most other European countries. All EU countries depend on cars. But the UK has the highest level of car use (88%) and the lowest level of public transport use (12%), expressed as a share of motorised passenger transport (i.e. excluding cycling and walking). Italy by contrast has the highest per capita car ownership but the lowest car use (76%).

Our European neighbours have much to teach us, though all are struggling with traffic congestion and pollution. In summary: they have given a higher priority to walking, cycling and public transport, including fare subsidies. They have also used their planning systems more effectively. If we are to meet new air quality standards and effect any significant reduction in global warming, we must follow their lead.

© *The Guardian, September 2000*

1. Firstly, sum up the main argument of the passage in French. Which of the following sentences best sums up the main argument here?

   a Dans cet article, il s'agit de la journée sans voiture en Europe.

   b Dans cet article, il s'agit de la pollution causée par les voitures et de l'importance des transports en commun.

   c Dans cet article, il s'agit de la politique des transports dans les différents pays de l'Union Européenne et de leurs efforts pour lutter contre la pollution causée par les voitures.

When you have established the main argument, the next stage is to break the passage down and make notes on each paragraph.

2a. Which paragraph do these notes refer to?

car-free day today   13 EU countries participating
NL on Sunday   not UK

2b. Make your own list of the main points for each of the other two paragraphs.

● Remember – this is not a translation exercise!

For the notes above, you might include:

aujourd'hui – la journée sans voiture
13 pays de l'Union Européenne y participent
les Pays-Bas organisent une journée dimanche
le seul pays qui ne participe pas – le Royaume-Uni

3. Make your own notes in French for each of the other two paragraphs.

4. Now use your notes to explain the article to a partner in French.

In your exam, you may be asked questions about a passage, and also to give your opinions and elaborate on the general issues raised. If you have prepared yourself according to this plan, you should have no problems!

Opening questions on the first part of this passage might be:

De quoi s'agit-il?
Qu'est-ce qui se passe ce samedi?

5. Compare your notes so far with a partner. Then try to work out the most likely questions on the rest of the article. Finally, ask each other the questions, and answer them as fully as you can.

6. S Listen to the model answer on the *Elan en solo* cassette, and compare your own answer with it.

Au choix

1 **S[📼]** En 2000, un Concorde s'est écrasé près de Paris. Ecoutez le reportage de l'accident et résumez-le en français. Mentionnez les détails suivants:
   ◆ l'heure et le lieu de l'accident
   ◆ les victimes
   ◆ ce qu'ont vu les témoins de l'accident
   ◆ les causes possibles de l'accident
   ◆ l'histoire de l'appareil concerné

En plus Lisez l'article anglais au sujet de l'exposition d'autos à Paris sur la Feuille 12 et préparez-vous pour en discuter en français. Aidez-vous de l'article et des conseils page 45 pour vos réponses.

2 Lisez le reportage au sujet d'un accident de métro à Paris et répondez aux questions en français.
   1 Combien de voyageurs ont souffert dans l'accident, et comment?
   2 Qu'est-ce que les pompiers ont fait en premier?
   3 Où a-t-on emmené les deux machinistes, et pourquoi?
   4 Pourquoi a-t-il fallu monter des postes médicaux?
   5 Qu'est-ce que M. Bailly a dit aux journalistes au sujet des causes possibles de l'accident?

3 Quels sont les problèmes de transport les plus graves à l'heure actuelle, et comment faut-il les résoudre? Faites une rédaction à ce sujet.

4 Traduisez les phrases suivantes en français.
   a Despite traffic jams, parking restrictions and the cost of petrol, we do not want to give up our cars.
   b Many accidents are caused by drivers who are tired and not paying attention.
   c In Strasbourg people are encouraged to leave their cars at home and cycle or walk to work.
   d Although public transport is generally very safe, passengers have been killed in rail and plane crashes.

5 **S[📼]** Ecoutez et répétez les phrases suivantes.
   a Pour la plupart des gens, la voiture est essentielle dans la vie quotidienne.
   b Les conducteurs en état d'ivresse causent souvent des accidents.
   c Des mesures ont été prises pour réduire la circulation au centre-ville.
   d Pour éviter la pollution, il faut utiliser les transports en commun.

Le métro arrivait renversé sur les rails

Il est 13h25, hier, station Notre-Dame-de-Lorette. La rame de métro qui vient de Saint-Georges est arrêtée au quai. La conductrice attend de repartir. Alors, horrifiée, elle voit arriver sur elle une autre rame qui a traversé la voie et se rapproche renversée sur son côté, glissant sur les rails. Pas de choc, la rame stoppe sa course à un mètre, mais 24 personnes sont blessées, plus ou moins gravement. Surtout des fractures des membres inférieurs. Mais personne n'est en danger. «Nous sommes arrivés dix minutes après l'accident et à 14h30, tous les blessés étaient évacués», explique un pompier.

Les premiers soins sont donnés sur les quais du métro, transformés en centre médical d'urgence. Les machinistes des deux rames sont hospitalisés, souffrant de choc. Ils ne sont pas les seuls. Parmi les voyageurs, 42 personnes sont traumatisées. Au café le Métro, à deux pas de la station, une autre base médicale est organisée à la hâte. Des pompiers et des médecins offrent leurs soins.

Plus tard dans la journée, au cours d'une conférence de presse Jean-Paul Bailly de la RATP, précise qu'une enquête interne a été ouverte qui va étudier plus particulièrement trois aspects: «L'état de la voie, une défaillance mécanique éventuelle et une faute de conduite, peut-être dûe à la vitesse.» Le conducteur connaissait bien la ligne, selon Jean-Paul Bailly. Il ne devait pas non plus être fatigué, puisqu'il avait pris son service vers midi. De plus la voiture datait de 1972 et n'était pas très vieille. Le président de la Régie a à nouveau souligné que depuis la naissance du métro parisien il y a cent ans, on n'a jamais vu un accident pareil – une rame de métro qui se renverse.

© The Guardian, 2000

Les technologies nouvelles

Après cette unité, vous saurez aborder les thèmes suivants:

- les technologies nouvelles dans la vie quotidienne
- l'avenir de la génétique humaine
- le pour et le contre des organismes génétiquement modifiés
- le rôle de l'Internet

Vous saurez mieux:

- utiliser le futur antérieur
- exprimer votre opinion sur des sujets divers
- employer la forme négative

1 **La pollution génétique menace notre santé, notre environnement et notre alimentation!**

2 Nous vivrons demain dans un monde piloté par des ordinateurs intelligents.

3 **Le e-commerce va transformer nos habitudes d'achat.**

4 Les Européens ne veulent toujours pas d'OGM dans leur assiette.

5 **Les conséquences du clonage humain.**

6 **Le séquençage du génome ouvre des horizons médicaux.**

a b c d e f

1 Reliez les titres aux bonnes photos.

2 👥 A votre avis, quelles découvertes sont les plus importantes? Comparez vos idées avec celles d'un(e) partenaire.

3 Quels autres aspects de la technologie vous semblent importants dans le monde actuel?

Ma vision du futur

Comment vivrons-nous demain avec les technologies nouvelles?
Comment imaginez-vous la vie quotidienne de l'avenir?

1a 👥 Lisez l'article au sujet de la vie quotidienne de l'avenir. Avec un(e) partenaire, relevez les phrases dans le texte qui décrivent les technologies nouvelles.

Exemples:
l'ordinateur central; programmé à la bonne température

1b Complétez le résumé suivant dans le sens du texte.

A l'avenir, il y aura des … partout dans la maison. Dans la salle de bains, la température de l'eau sera … et un … intégré au lavabo vous avertira des … Pour préparer les repas on se servira de l'… On s'informera grâce à un … sur le mur, qui pourra … des articles et des photos dans la …

---

* le sang gingival: *bleeding from the gums*
* le déchaussement: *loosening of teeth*
* la réunion interne: *internal meeting*

Ce matin, comme à l'accoutumée, l'ordinateur central lance le programme de la journée. Réveillé par la musique de son choix, Thomas fonce dans la salle de bains. Programmée à la bonne température, l'eau de la douche le réveille en douceur. Mais au moment de se brosser les dents, sa bonne humeur disparaît. Le lavabo a détecté des traces de sang gingival* et profère un sévère avertissement via le haut-parleur intégré: «*A ce rythme, vous avez 50% de risques d'avoir un accident paradontal d'ici douze mois et des problèmes de déchaussement* avant l'âge de 40 ans*» Puis Thomas retrouve Marie dans la cuisine.

Elle se plaint encore car l'autocuisine est encore en panne. Elle doit faire cuire ses œufs à la main. Le petit déjeuner est à peine terminé que l'écran vidéo sur le mur de la cuisine s'allume. Ils ont demandé la version courte du bulletin d'infos. Ensuite viennent des échos bien agréables relatant les fiançailles de leur vieil ami Bruno avec photos, que le système a téléchargées dans la presse électronique locale.

Retour dans la chambre: aujourd'hui, c'est jour de réunion et Thomas ne peut pas travailler de chez lui à son bureau virtuel. Pour décider de sa tenue, il demande conseil au moniteur de la chambre incrusté dans

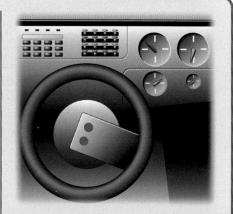

l'armoire. Celui-ci se connecte sur le bulletin électronique de l'entreprise: réunion interne*. L'ordinateur lui conseille une tenue sport. Le message s'affiche sur l'écran de l'armoire avec quelques images fixes le représentant dans trois tenues différentes. Douché et habillé, Thomas saute dans sa voiture. Sur la route, un message l'avertit que la réunion de ce matin est transférée dans d'autres locaux. Impossible de se repérer! Thomas demande l'adresse à sa voiture qui le guide vocalement dans le labyrinthe des bretelles d'autoroute avec un timing parfait. Sur le chemin, le système continue son briefing matinal et l'informe des dernières informations dans son entreprise.

1c Comment choisira-t-on ses vêtements pour une réunion à l'avenir? Lisez ce que fait Thomas, et complétez les phrases suivantes.

a Quand on aura décidé d'assister à une réunion, on demandera conseil au …

b Quand l'ordinateur aura consulté le bulletin électronique de l'entreprise, il saura …

c Dès que l'ordinateur aura appris les détails du programme, il pourra conseiller …

d Aussitôt qu'on aura choisi un style convenable, l'ordinateur proposera …

e Quand on aura bien regardé les images virtuelles, il sera facile de …

1d Où travaillera-t-on normalement à l'avenir? Et s'il faut assister à une réunion, comment l'ordinateur de la voiture sera-t-il utile?

Exemples: Il pourra …
Il vous informera … Il choisira …

2 Ecoutez l'interview avec un spécialiste du Net, qui exprime ses prédictions pour l'avenir, et répondez aux questions suivantes.

a Nommez cinq machines qui seront reliées à l'Internet à l'avenir. (5)

b Où recevra-t-on une connexion Internet? (1)

c Qu'est-ce qu'on pourra faire à partir de sa page Web? (5)

d Pourquoi la maison communicante est-elle maintenant réalisable? (2)

e Comment sera la télévision à l'avenir? Ecrivez un résumé de ce que prédit M. Gassée, en utilisant les expressions suivantes:
la vidéo – les écrans – les images en 3D – l'interactivité (10)

3 Imaginez que c'est vous qui vivez dans ce monde futur. Vous parlez avec un(e) ami(e) – vous décrivez votre programme de la journée. Travaillez avec un(e) partenaire et préparez une conversation. Utilisez les idées et les expressions tirées des activités précédentes.

4 "Ma vision du futur". Comment voyez-vous le monde de demain? Comment sera la vie quotidienne? Le travail? Le temps libre? Rédigez une description à ce sujet.

Grammaire ⇨ p.132 ⇨ W p.78

The future perfect tense

Most of the verbs in this unit are in the future tense, as people are describing how things will be in the future.

The future perfect tense is used to say what will have happened in the future.

A Study the sentences in *activité 1c*, which contain both the future and the future perfect tenses. Can you explain why the future perfect is needed each time?

En plus For more examples and activities, see *Zoom examen*, p.54 and Feuille 13.

Progrès et inquiétudes

Quelles seront les conséquences du séquençage du génome humain?
Permettra-t-il de mieux soigner les maladies génétiques?
Quels problèmes éthiques soulèvera-t-il?

1a Etes-vous bien informé(e) en ce qui concerne les progrès médicaux? Reliez les découvertes et les inventions à la bonne date.

1796   1853   1895   1928
1954   1967   1978   2000

a la pilule contraceptive
b l'aspirine
c la greffe du cœur
d les rayons X
e le premier bébé-éprouvette (enfant né par fécondation in vitro)
f la vaccination
g la pénicilline
h l'identification du génome humain

1b 🔊 Ecoutez pour vérifier.

1c 👥 Travaillez avec un(e) partenaire. Ajoutez encore des progrès médicaux à la liste ci-dessus. Ensuite, nommez les maladies qu'on peut maintenant guérir ou prévenir grâce à la science. Quelles maladies restent encore incurables?
A votre avis, comment sera la situation dans vingt ans?

2 Lisez l'article (à droite) et complétez les phrases suivantes.

a Les pays qui ont participé à l'identification du génome humain sont …
b L'ADN d'un être vivant, c'est …
c Les scientifiques ont réussi à …
d Tout le monde peut lire les détails du génome, parce que …
e A l'avenir, les recherches en génétique seront basées sur …

La première édition du «livre de la vie», le texte quasi intégral du patrimoine génétique humain, est achevée. Enfin presque. C'est ce qui sera annoncé aujourd'hui par tous les pays qui ont participé à l'écriture de cette grande œuvre. A Paris, Londres, Washington, Tokyo et Pékin, l'annonce sera essentiellement la même: l'ADN* humain, cette immense molécule qui porte l'information génétique de l'espèce humaine, a été déchiffré* à plus de 90%. Le «texte» est disponible sur l'Internet, dans la base de données Genbank. Il sera le socle* de toutes les recherches à venir en génétique.

La séquence est un tremplin* formidable pour la recherche biomédicale, un outil qui permettra de trouver plus facilement les gènes qui contrôlent la vie, la maladie, la mort.

* l'ADN (acide désoxyribonucléique): *DNA*
* déchiffrer: *to decipher*
* le socle: *basis*
* le tremplin: *springboard*

3a Lisez les quatre messages (p.51). Décidez pour chaque personne s'il/elle est plutôt optimiste ou pessimiste en ce qui concerne la génétique.

3b Qui parle?

a Le séquençage du génome n'est que le début du travail scientifique.
b L'identification du génome facilitera le diagnostique des maladies graves.
c Les manipulations génétiques pourraient créer un monde peuplé de personnes trop parfaites.
d Il faut réfléchir avant de créer des banques d'organes.
e A l'avenir, les scientifiques pourront influencer la façon dont l'humanité évoluera.
f Grâce à cette découverte, on aura la possibilité de guérir de nombreuses maladies héréditaires.

tribune**ados**

Message de : Vincent
Sujet : Progrès et inquiétudes

Les manipulations génétiques soulèvent bien évidemment un problème éthique considérable, mais ce dernier ne doit pas faire oublier tout ce que les progrès en ce domaine pourraient nous procurer. La connaissance des gènes permet déjà de savoir si une personne a un gène de prédisposition au cancer du sein ou de résistance au sida, par exemple. Moi, je dirais que le séquençage du génome humain est un formidable outil pour les chercheurs.

Message de : Mylène
Sujet : Progrès et inquiétudes

Je ne suis pas tout à fait d'accord avec Vincent. Du point de vue scientifique, c'est une découverte formidable, mais à mon avis, intervenir dans la génétique humaine soulève de nombreux problèmes moraux. On s'imagine déjà des populations uniformes, des parents choisissant le bébé de leurs rêves, des êtres rejetés parce qu'ils ne correspondent pas à un certain type. Il me semble que la science va vite dégénérer du mauvais côté de la science-fiction.

Message de : Patrick
Sujet : Progrès et inquiétudes

Je pense que ce séquençage du génome est à la biologie ce qu'a été le programme Apollo à la conquête spatiale. Il nous permet d'acquérir la maîtrise de l'évolution de l'espèce et du destin de ses individus. En commençant par la guérison ou la prévention de milliers de maladies héréditaires. Mais je vous rappelle qu'on est encore loin de ce rêve. L'humanité n'a fait qu'un tout petit premier pas sur une très longue route – l'équivalent du premier pas de l'homme sur la lune à l'aube de l'exploration du système solaire.

Message de : Christelle
Sujet : Progrès et inquiétudes

Ce qui m'inquiète, c'est le rôle de la génétique dans les greffes, où on utilise déjà des organes d'animaux pour les hommes. Il paraît qu'on transmet maintenant des gènes humains à des porcs ce qui rend leurs organes moins sujets au rejet chez l'homme. Quels effets cela aura-t-il sur les porcs? Et quels monstres la recherche médicale va-t-elle créer à l'avenir?

3c Avec qui êtes-vous d'accord? Comparez vos opinions avec celles d'un(e) partenaire, et justifiez votre point de vue. Utilisez les expressions suivantes.

Je pense que …
Je crois que …
Je suis d'avis que …
Il me semble que …
Je suis persuadé(e) que …
Je ne crois pas que … (+ subjonctif!)

4a Vous allez écouter une interview avec un généticien qui parle du génome humain. Avant d'écouter, cherchez les mots-clés dans un dictionnaire bilingue.

a le sort
b le malentendu
c un handicap auditif
d une malformation congénitale
e une riposte thérapeutique
f une vision d'ensemble
g la topographie
h la mutation
i la mise au point
j l'incapacité
k l'excitation médiatique

4b Ecoutez l'interview avec le docteur Munnich. Résumez ce qu'il dit en anglais, en traitant des points suivants:

◆ the work of the *Centre Necker*

◆ developments in genetics in the 1980s and 1990s

◆ how the mapping of the human genome will help their work

◆ future progress

◆ the role of the media

5 Que pensez-vous des progrès en génétique? Ecrivez un message au forum à ce sujet.

Quels sont les avantages des OGM?
Présentent-ils un danger pour notre santé ou pour notre environnement?

Infos OGM

Un OGM (Organisme Génétiquement Modifié) est un organisme vivant qui a été créé artificiellement par l'homme en manipulant son patrimoine héréditaire.

Les techniques du génie génétique consistent à extraire un ou plusieurs gènes d'un organisme (virus, bactérie, végétal ou animal) et les insérer dans le génome d'un autre organisme.

Selon les scientifiques, les OGM offrent une solution à la faim dans le monde. On compte à présent 800 millions de sous-alimentés. Les OGM nous donnent la possibilité de développer des espèces adaptées à des conditions différentes, pour assurer de bonnes récoltes, et ainsi nourrir la planète correctement.

Les OGM vont diminuer l'utilisation des pesticides. Un grand nombre de plantes sont manipulées génétiquement afin de tolérér certains herbicides. Une autre manipulation génétique connue consiste à introduire dans les plantes un gène qui produit une substance insecticide, les protégeant ainsi des insectes ravageurs.

Les techniques de transferts de gènes interespèces sont extrêmement récentes et en pleine évolution. La première commercialisation d'une espèce génétiquement modifiée, une tomate à mûrissement retardé, ne date que de 1994.

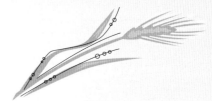

Les allergies alimentaires sont provoquées par des protéines auxquelles l'organisme réagit de manière hypersensible. L'introduction de nouveaux gènes dans des plantes cultivées pour la consommation humaine ou animale permet la synthèse de nouvelles protéines, qui peuvent éventuellement dédencher de nouvelles allergies.

Les plantes transgéniques cultivées peuvent échanger leurs gènes par croisements avec des mauvaises herbes. Cette pollution génétique est irréversible. Un gène qui "s'échappe" des plantes dans lesquelles il a été introduit ne peut pas être rapporté au laboratoire.

1a Analysez les faits présentés dans "Infos OGM". Décidez pour chacun s'il mentionne les avantages ou les inconvénients des OGM ou s'il est neutre.

1b Inventez un titre pour chaque article.

1c Résumez en français les principaux arguments cités ici en faveur des OGM. En connaissez-vous d'autres?

2a Regardez le dessin. De quoi s'agit-il ici?

2b A votre avis, les groupes suivants sont-ils pour ou contre les OGM?

a les associations de protection des consommateurs
b les associations pour l'environnement
c les syndicats paysans
d les gouvernements européens
e les multinationales agro-chimiques
f les agriculteurs
g les distributeurs et fabricants

2c [audio] Ecoutez ce que disent les "Amis de la Terre" à ce sujet, et comparez avec vos réponses à l'activité 2b.

2d [audio] Ecoutez encore une fois et trouvez parmi les phrases suivantes les trois qui sont fausses. Corrigez-les.

a Les syndicats paysans se méfient des cultures transgéniques.
b Il est prouvé que les OGM posent un risque à la santé publique.
c Les abeilles peuvent transporter du pollen sur plus de 4,5 kilomètres.
d Les distances de sécurité autour des cultures d'OGM ne sont pas suffisantes.
e La plupart des Européens sont inquiets au sujet des OGM.
f Les fabricants ne veulent pas retirer les OGM de leurs produits.
g Toute viande doit porter une étiquette qui indique si elle provient d'un animal nourri avec des OGM.

2e [audio] Ecoutez encore une fois. Notez et expliquez trois problèmes en ce qui concerne les OGM.

3 [pair] Travaillez avec un(e) partenaire. Une société multinationale veut cultiver des OGM près du village où vous habitez en France. On organise une réunion pour discuter de la proposition.

A travaille pour la société multinationale, et présente les arguments pour les OGM.
B est contre les OGM.

Préparez la conversation et jouez les deux rôles. Utilisez les expressions tirées de l'activité 2 et les expressions suivantes:
Les scientifiques affirment que …
Il est prouvé que …
On ne sait pas encore si …
Il faut tenir compte du fait que …
Les experts constatent que …

4 "Les OGM – danger planétaire?" Résumez les arguments pour et contre les OGM. En conclusion, expliquez et justifiez votre point de vue.

Zoom examen

The activities on this spread will help you to:
- talk about what might have happened at some point in the future using the future perfect tense
- use different negatives to talk about life in the future
- give an oral presentation stating your opinions about the Internet

Grammaire ⇨ p.132, p.136 ⇨ W p.78

The future perfect tense

a Il me semble que la vie quotidienne changera beaucoup. Quand on <u>aura connecté</u> tous les appareils ménagers à l'Internet, on aura plus de loisirs.

b Moi, je suis d'avis qu'on exagère beaucoup. Peut-être que dans trente ans les écrans géants <u>auront remplacé</u> la télévision à la maison, qu'on ne lira plus de journaux … mais moi, je ne le crois pas.

(A) Look at the opinions above. In each one, one sentence contains both a future and a future perfect tense. How is the future perfect tense formed? What rule can you deduce?

(B) Study the verb in the future perfect tense each time (this is underlined). Can you explain why this tense is needed? Refer back to *activité 1c*, p.49 for more examples.

(C) Translate the sentences which contain a future perfect tense into English.

(D) Complete the following sentences with one verb in the future and one in the future perfect each time, using the verbs in brackets.

1 Quand on … un film on … le regarder sur sa télé. (*télécharger – pouvoir*)
2 Dès qu'on … la maison, on … les appareils ménagers à distance. (*quitter – commander*)
3 Aussitôt qu'on … une connection Internet, on … facilement avec la maison.
(*recevoir – communiquer*)

Negatives

(A) Brainstorm the different negative forms used with verbs: *ne … pas, ne … plus*

- Remind yourself of the rules about the position of negatives, and how they affect the rest of a sentence. See the grammar section, page 136.
- **NB:** *personne* and *rien* can be the subject of a sentence.
Personne ne travaille aujourd'hui.
Rien ne s'est passé.
- **NB:** in spoken French, the *ne* is often left out.
- Don't forget that adjectives often have both positive and negative forms. Negative prefixes include: *im/in, dé(s), anti-, non-*.

  possible   impossible   intéressé   désintéressé

(B) [▣] Listen to the interview with Nathalie and Julien about the Internet and complete the sentences in French. You will need to fill in part of a negative and one other phrase each time.

1 Nathalie ne pourrait *plus* vivre sans … *courrier électronique*
2 Elle n'utilise l'Internet __ pour …
3 Elle ne surfe ____ …
4 Julien ne fait ____ de spécial.
5 Les devoirs ne lui posent _____ de problèmes, parce que …
6 Il faut savoir ce que l'on recherche pour ne ____ …
7 A l'avenir, il n'y a ____ doute que …
8 Julien pense qu'il ne faut ____ permettre …
9 Nathalie est d'avis que les gens n'achèteront ____ …
10 Julien est convaincu que l'Internet ne remplacera ____ …

(C) Translate the sentences above into English.

En plus For further practice of negatives, see Feuille 13.

Compétences

Expressing opinions

1 With a partner, study the examples of opinions expressed in spoken French above. Make up three more opinions in French in the same style.

2 Look back at the texts and the useful expressions in this unit. Make a list of as many expressions as you can which are used to state personal opinions in French in more formal language.

Example: *Je pense que …*

3 Reporting other people's opinions requires a fairly formal style. If you were a journalist writing about the meeting above, how would you convey the ideas expressed? Write a sentence for each one using and adapting the following introductory phrases.

Beaucoup de gens pensent que …
La plupart des consommateurs sont d'avis que …
Plusieurs manifestants disent que …
La majorité des Français semblent être sûrs que …
Les agriculteurs ont affirmé que …

4 Look closely at the expressions given for *activité 3*, p.53. These often use the impersonal construction *Il est … que …* or refer to specialists' views. With a partner, create more examples. Start by using the following words, then think of more of your own.

indisputable – certain – les généticiens – la plupart des experts – beaucoup d'informaticiens – les statisticiens

● Remember that where doubt is implied, you will need to use the subjunctive.
  Je ne pense pas que …
  Je ne suis pas sûr(e) que …
  Il est possible que …

5 Listen again to Nathalie and Julien. Write a paragraph summarising what each of them says about the Internet. Try to start each sentence with a different expression.

Example: *Nathalie pense qu'elle ne pourrait plus vivre sans courrier électronique.*

6 Prepare an oral presentation giving your own opinions about the Internet. Use as many of the expressions you have listed as you can. Try to contrast your ideas with those of others.

Example: *Selon beaucoup de journalistes …*
Mais moi, je suis d'avis que …

Au choix

1 **S[🔊]** Le e-commerce va-t-il transformer nos habitudes d'achat et de consommation? Ecoutez Christian Marchandise, PDG de Télémarket, parler du e-commerce et répondez aux questions suivantes.

1 Qu'est-ce que Christian Marchandise dit au sujet des gens qui habitent dans les grandes villes?
2 Pourquoi pense-t-il que beaucoup de Français voudraient faire leurs courses en cybermarché?
3 A son avis, de quel magasin traditionnel aura-t-on toujours besoin?
4 Quels produits deviennent de plus en plus importants dans les cybermarchés?
5 Combien de temps faut-il attendre pour recevoir les marchandises quand on passe une commande chez Télémarket?
6 Comment Christian Marchandise décrit-il les habitudes d'achat des consommateurs? Résumez en français ce qu'il dit au sujet de chaque groupe suivant:
  ◆ les clients urbains
  ◆ les banlieusards
  ◆ les habitants des grandes villes de province
  ◆ les habitants de petites villes
7 Selon Christian Marchandise, quels sont les facteurs les plus importants pour le consommateur internaute?
8 A son avis, comment le e-commerce évoluera-t-il à l'avenir?

En plus Lisez l'article *La récolte des crachats chez les anti-OGM* (Feuille 14) et faites les activités.

En plus Lisez l'article *Vive le Minitel!* sur la Feuille 15. Préparez des notes en français afin de répondre aux questions et de discuter des thèmes de l'article en français.

2 Que pensez-vous des technologies nouvelles? Vont-elles rendre la vie plus agréable ou plus difficile? Ecrivez un article pour un magazine français à ce sujet. Choisissez-en au moins trois.

3 **S[🔊]** Ecoutez et répétez les phrases suivantes. Faites surtout attention au "r" français.

a On prédit que nous vivrons demain dans un monde dirigé par les ordinateurs.
b A l'avenir, les manipulations génétiques pourront guérir ou empêcher des milliers de maladies héréditaires.
c Selon les Verts, les organismes génétiquement modifiés présentent un danger pour notre santé et pour notre environnement.
d Le monde virtuel d'Internet ne remplacera jamais le monde réel.

4 Traduisez les phrases suivantes en français.

a Everybody agrees that technology will change everyday life in the future.
b According to experts, in ten years' time we will do our shopping online using our mobile phones.
c Nobody wants to live in a world where parents choose their ideal babies and only perfect people are tolerated.
d Many people think that when scientists have discovered a cure for cancer new diseases will appear.
e Friends of the Earth insist that the majority of people do not want to eat genetically modified foods any more.

Le racisme

Après cette unité, vous saurez aborder les thèmes suivants:

- les origines et les définitions du racisme
- les dangers du racisme au quotidien
- les moyens de lutter contre le racisme
- comment réagir face au racisme au quotidien

Vous saurez mieux:

- traduire le français en anglais
- employer le subjonctif

1 Quel est le ton de ce texte? Que dénonce-t-il? Ajoutez d'autres exemples!

2 Que pensez-vous de ce dessin? Pourquoi l'enfant pose-t-il cette question? Imaginez la réponse de l'homme politique. Quelle serait votre réponse?

Ton Christ est juif,
Ton scooter est japonais,
Ta pizza est italienne et ton couscous marocain,
Ta démocratie est grecque,
Ton café est brésilien,
Ta montre est suisse,
Ta chemise est hawaïenne,
Ton baladeur est coréen,
Tes vacances sont turques, tunisiennes ou marocaines,
Tes chiffres sont arabes,
Ton écriture est latine,
Et ... tu reproches à ton voisin d'être un étranger ...!

3  Selon vous, ce slogan de SOS-Racisme est-il efficace? Pourquoi? Avez-vous été victime du racisme ou connaissez-vous quelqu'un qui en a souffert? Discutez avec un(e) partenaire.

Un "-isme" de trop

Il n'est pas facile de définir le racisme tant ses origines et les façons dont il se manifeste sont diverses. Pour vous, c'est quoi être raciste?

1 LAURE

A l'origine du mot racisme, il y a le concept de race bien sûr; on pense à ces théories de supériorité de la race blanche qu'ont voulu établir les historiens comme Gobineau ou Renan au XIXᵉ siècle. Maintenant, bien qu'on sache que la notion de race humaine est fausse, qu'elle n'a aucune base scientifique, on continue à parler de racisme (on parle même de racisme anti-jeunes ou anti-vieux). C'est devenu synonyme de **xénophobie, de ségrégation, de discrimination**. Quoi qu'il en soit, pour moi, c'est un mot en -isme de trop!

2 JUSTIN

Je ne serais pas surpris que le racisme ait existé à toutes les époques, dans quelque société que ce soit. Ça semble malheureusement être un **comportement** universel. Pour moi, le racisme, c'est la **peur** des autres, de la différence des autres. La couleur de la peau est un des signes les plus évidents de cette différence. Pour moi, le racisme, c'est cette peur qui mène à **l'intolérance** et finalement à **la haine** de l'**étranger**, qu'on traite en **bouc émissaire**.

3 AMADOU

Pour moi, un raciste a tellement de **préjugés** qu'il **méprise** les gens différents de lui sans les connaître, qu'ils aient une couleur de peau différente, une religion différente, ou une orientation sexuelle différente. Bref, ces comportements et ces croyances différents, le raciste va les juger inférieurs sans essayer de les comprendre. Le racisme, pour moi, c'est **l'ignorance et le refus de s'ouvrir** aux autres. C'est le meilleur exemple qu'on puisse donner de la **bêtise** humaine!

4 NADIA

Pour moi, le racisme, c'est plus que la simple méfiance ou le mépris de l'étranger, c'est un **comportement agressif et violent, une idéologie parfois institutionnalisée** comme dans les périodes de **colonialisme**, comme dans l'Allemagne nazie avec **l'extermination** des Juifs, comme en Afrique du Sud jusqu'à ce que **l'apartheid** soit aboli, en Serbie avec la "**purification ethnique**" des Bosniaques musulmans. Bref, le racisme, c'est se croire supérieur et vouloir s'imposer et dominer, par la violence si nécessaire.

1a 🔊 Ecoutez et lisez ce que quatre jeunes Français disent du racisme.

1b Donnez une définition des mots se rapportant au racisme (en caractères gras).

1c Ajoutez à cette liste d'autres mots que vous associez au racisme et leur définition.

Exemple: l'antisémitisme (racisme anti-juif), un génocide (destruction d'un peuple)

2 Complétez les phrases suivantes avec les expressions encadrées et reliez-les au témoignage qu'elles résument.

  a Le racisme, apparemment _____ à toutes les sociétés, consiste à craindre les personnes d'autres communautés, à les rejeter, les haïr et les accuser d'être _____.

  b Le racisme, pratiqué à l'échelle d'un pays et de ses lois, peut aller de _____ d'une partie de la population par une autre, jusqu'à _____ de ceux qu'on juge indésirables.

  c Le raciste est _____ quand il condamne sans chercher à s'informer tout ce qui ne lui est pas familier comme étant _____.

  d Le sens du mot racisme s'est _____ pour englober toute attitude de _____ envers ceux qui sont différents de nous.

> borné et stupide – commun – élargi –
> la destruction totale – la domination violente
> inférieur et nuisible – rejet – responsables de
> tous les problèmes

3a 👥 Préparez des questions sur les points principaux des textes et posez-les à un(e) partenaire. Notez ses réponses et discutez.

Exemple: Texte 1: Qu'est-ce que Laure dit sur l'origine du racisme? Que dit-elle sur le concept de race? D'après elle, qu'est-ce que le mot racisme englobe maintenant?

3b Récapitulez et résumez en anglais les points principaux de chaque texte oralement.

Exemple: For Laure, the word racism has its origin in the concept of race and the 19th century theories of the superiority of the Whites.

4 Choisissez un des textes et traduisez-le en anglais. Assurez-vous que vous en avez bien traduit les points essentiels.

5 *Zoom-langue: l'emploi du subjonctif.*

  a Trouvez les phrases contenant un subjonctif dans les textes et expliquez son utilisation.

  b Traduisez ces phrases en anglais.

Exemple: bien qu'on sache que … = subjunctive necessary after
bien que = although we know that …

6 🔊 Ecoutez l'interview d'une généticienne et résumez ses arguments en français sur chaque point:

  ◆ la couleur de la peau n'est pas un critère de race
  ◆ la notion de race n'existe pas chez les humains
  ◆ la comparaison avec le groupe sanguin

7 👥 Que pensez-vous des opinions émises sur ces pages? Discutez avec un(e) partenaire et donnez votre opinion personnelle.

En plus Donnez votre propre définition du racisme (entre 80 et 100 mots). Aidez-vous des mots relevés dans l'activité 1 et des idées mentionnées jusqu'ici.

La vie en noir

Un sondage montre que 69% des Français se disent plus ou moins racistes. Le sont-ils vraiment? Comment ceci se manifeste-t-il dans la vie quotidienne?

A

Basile Condé, 20 ans, étudiant en économie à Paris

« Si on est raciste en France? Plutôt, oui, et toute la journée! Tiens, mettez-vous un peu à ma place, vous verrez!! Dans le train le matin, on baisse les yeux en vous voyant, on évite de s'asseoir à côté de vous, on ne sait jamais, hein! **A la gare, un contrôle de police: à tous les coups, vous y avez droit! Vous passez acheter un croissant, c'est tout juste si on ne vous fouille pas à la sortie! Et je ne vous dis rien des insultes qu'on vous lance dans les couloirs de la fac où certains estiment que vous n'avez rien à y faire** … Votre prof d'éco vous dit, à propos du stage que vous devez faire en entreprise: **« Cette boîte-là, c'est pas pour toi. » C'est-à-dire? Pas pour un Noir,** quoi. **Raciste le prof? Réaliste en tout cas … il sait que cette boîte-là refoule les Noirs et les Arabes. Faut quand même pas qu'ils prennent le pain des Français!** Vous voulez voir un petit appart à louer près de la fac. Vous téléphonez: l'appart est libre. Vous arrivez: « Ah désolé, il vient d'être loué. » Bon, oubliez! Allez vous relaxer en boîte avec des potes. On vous accueille chaleureusement: « On n'entre pas … ici, c'est pour les habitués! » Tant pis, rentrez chez vous et allumez la télé: c'est reposant, y a que des Blancs!!! **Parano, moi? Peut-être. En tout cas, je sais que tout ça, c'est de ma faute, c'est moi le coupable: délit de faciès, ça s'appelle … »**

B

De mal en pis?

En France, seules dix plaintes contre la discrimination raciale ont été jugées en 1998. Est-ce à dire que la discrimination raciale – un délit puni par la loi – n'existe pas au pays des Droits de l'Homme?

L'attitude des Français est ambivalente: d'un côté, une prise de position contre le racisme et la xénophobie – l'extrême droite ne représente qu'un électorat relativement marginal – de l'autre, la réalité quotidienne d'une partie de la population qui ne jouit pas des droits fondamentaux du citoyen: liberté, égalité, fraternité.

Ce qui caractérise le racisme aujourd'hui, c'est qu'il ne se manifeste plus, ou peu, au travers d'un discours clair. Il n'a plus, comme par exemple à l'époque coloniale, cette volonté ouverte de dominer "l'autre" mais impose implicitement sa vision d'une société basée sur la différenciation raciale. **C'est un racisme caché, diffus, et d'autant plus dangereux parce que son "invisibilité" facilite son développement. Il devient banal et, peu à peu, acquiert une sorte de légitimité.** Certains sociologues parlent même de "racisme constitutionnel" qui consisterait à banaliser certains comportements discriminatoires, à les rendre acceptables. Prenons le cas du chef d'entreprise qui refuse d'embaucher un Maghrébin ou un Noir pour un poste de cadre parce qu'il sait que ses employés ne l'accepteraient pas comme supérieur et que cela nuirait à la bonne marche de l'entreprise. Il **légitime l'attitude raciste de ses employés.**

Or, le racisme n'est pas une opinion légitime, c'est un délit puni par la loi française. Ce chef d'entreprise est donc un délinquant et devrait être puni. Dans les faits cependant, ce genre de discrimination, difficile à prouver, fait rarement l'objet de sanction. **La justice française, en ne jugeant pas les affaires de racisme, cautionne et banalise ces pratiques illégales en refusant d'en reconnaître la nature profonde, le racisme.**

Les plaintes déposées par l'association S.O.S. RACISME pour discrimination raciale (plusieurs centaines en 2000), ont été en grande majorité classées sans suite. **On comprend dès lors les difficultés auxquelles sont confrontées les victimes du racisme et les associations antiracistes qui ont pour but de les défendre.**

le rejet · la discrimination à l'embauche · la ségrégation quotidienne · l'inégalité des chances · la mauvaise foi · la peur de l'autre · le phénomène de bouc émissaire · l'ignorance · le harcèlement policier · l'intolérance

1a 🔊 Ecoutez et lisez ce que dit Basile (texte A, p.60). Parmi les problèmes liés au racisme (graffiti, p.60), auxquels fait-il allusion?

1b 👥 Discutez avec un(e) partenaire. Justifiez vos réponses avec des exemples du texte.

2 Répondez aux questions suivantes en français.

  1 A votre avis, pourquoi Basile dit-il qu'il est peut-être parano?

  2 Expliquez et traduisez l'expression "délit de faciès".

  3 Imaginez: quel serait votre état d'esprit à la fin d'une journée comme celle que décrit Basile?

3a 🔊 Ecoutez l'extrait d'un flash-info sur un incident violent à Vauvert, dans le sud de la France. Notez ce qui s'est passé la veille du drame et la nuit du drame.

3b Expliquez en quoi ce meurtre est un acte raciste.

3c Notez des faits cités dans le reportage qui illustrent les graffiti de la page 60.

4 Avant de lire *De mal en pis?* (texte B, p.60), choisissez la bonne option dans chacune de ces phrases. Lisez l'article pour vérifier.

  1 Le parti d'extrême droite attire *une majorité / une minorité* de Français.

  2 Les droits du citoyen *sont / ne sont pas* toujours respectés en France.

  3 Les manifestations du racisme en France sont *plus / moins* visibles qu'avant.

  4 Cette nouvelle forme de racisme est *plus / moins* dangereuse.

  5 La discrimination raciale doit être *autorisée / sanctionnée* par la loi.

  6 *Beaucoup / Peu* de cas de discrimination raciale vont en justice.

5 Répondez aux questions.

  1 D'après l'article, de quelle façon le racisme a-t-il évolué en France?

  2 Qu'est-ce qui permet cette évolution?

  3 Pourquoi, selon vous, est-il difficile de prouver qu'il y a discrimination raciale?

  4 Quelles sont à votre avis ces difficultés auxquelles sont confrontées les victimes du racisme et les associations antiracistes?

6a Voici deux traductions des premières phrases des textes A et B. Laquelle correspond le mieux au style de chaque texte?

Texte A

1a French people are racist, one sees evidence of it all the time.

1b Do I think people are racist in France? Of course they are, all the time!

2a Imagine yourself in my shoes for a bit, you'll see what I mean.

2b If you were in my situation you would share my point of view.

Texte B

1a A mere ten cases of racial discrimination came before the French courts in 1998.

1b In France, just ten cases of racial discrimination were taken to court in 1998.

2a Are we therefore to understand that the home of Human Rights is exempt of any racial discrimination, an offence punishable by law?

2b Can we say then that there is no racism, which is a criminal offence, in the country where Human Rights were born?

6b Traduisez les phrases en gras dans les textes en tenant compte du style de chacun: parlé et familier (texte A), écrit et journalistique (texte B).

7a 👥 Qu'en est-il du racisme dans votre pays? Discutez avec un(e) partenaire et décidez des points principaux.

7b Ecrivez un article d'environ 300 mots en donnant si possible des exemples concrets. Aidez-vous du vocabulaire et des idées des pages 57–61.

En plus 👥 A deux, imaginez et jouez des dialogues entre:

◆ Basile et une personne dans le train
◆ Basile et un policier lors d'un contrôle d'identité
◆ Deux étudiants à la fac de Basile
◆ Basile et le chef d'entreprise raciste
◆ Basile et le videur de la discothèque

En plus Lisez *La progression du racisme en France* sur Feuille 16.

La couleur de l'espoir

Comment lutter contre le racisme au quotidien?

1a Lisez la conclusion du livre de Tahar Ben Jelloun. Reliez chaque point au bon paragraphe.

  a la richesse d'une société multiculturelle

  b changer les idées en changeant les mots

  c respecter les autres, c'est respecter la vie

  d rien de pire que l'indifférence

1b Expliquez chaque point en prenant les arguments du texte. Ajoutez vos propres idées.

La lutte contre le racisme doit être un réflexe quotidien. Notre vigilance ne doit jamais baisser. Il faut commencer par donner l'exemple et faire attention aux mots qu'on utilise. Les mots sont dangereux. Certains sont employés pour blesser et humilier, pour nourrir la méfiance et même la haine. D'autres sont détournés de leur sens profond et alimentent des intentions de hiérarchie et de discrimination. D'autres sont beaux et heureux. Il faut renoncer aux idées toutes faites, à certains dictons et proverbes qui vont dans le sens de la généralisation et par conséquent du racisme. Il faudra arriver à éliminer de ton vocabulaire des expressions porteuses d'idées fausses et pernicieuses. La lutte contre le racisme commence avec le travail sur le langage.

Cette lutte nécessite par ailleurs de la volonté, de la persévérance et de l'imagination. Il ne suffit plus de s'indigner face à un discours ou un comportement raciste. Il faut aussi agir, ne pas laisser passer une dérive à caractère raciste. Ne jamais se dire : « Ce n'est pas grave! » Si on laisse faire et dire, on permet au racisme de prospérer et de se développer même chez des personnes qui auraient pu éviter de sombrer dans ce fléau. En ne réagissant pas, en n'agissant pas, on rend le racisme banal et arrogant. Sache que des lois existent. Elles punissent l'incitation à la haine raciale. Sache aussi que des associations et des mouvements qui luttent contre toutes les formes de racisme existent et font un travail formidable.

A la rentrée des classes regarde tous les élèves et remarque qu'ils sont tous différents, que cette diversité est une belle chose. C'est une chance pour l'humanité. Ces élèves viennent d'horizons divers, ils sont capables de t'apporter des choses que tu n'as pas, comme toi tu peux leur apporter quelque chose qu'ils ne connaissent pas. Le mélange est un enrichissement mutuel. Sache enfin que chaque visage est un miracle. Il est unique. Tu ne rencontreras jamais deux visages absolument identiques. Qu'importe la beauté ou la laideur. Ce sont des choses relatives. Chaque visage est le symbole de la vie.

Toute vie mérite le respect. Personne n'a le droit d'humilier une autre personne. Chacun a droit à sa dignité. En respectant un être, on rend hommage, à travers lui, à la vie dans tout ce qu'elle a de beau, de merveilleux, de différent et d'inattendu. On témoigne du respect pour soi-même en traitant les autres dignement.

2a *Zoom langue: l'emploi du subjonctif.* Complétez les phrases suivantes avec un subjonctif.

  a Selon Tahar Ben Jelloun, le racisme disparaîtra à condition qu'on (*apprendre*) à en parler différemment.

  b D'après lui, il faut qu'on (*se battre*) tous contre la discrimination.

  c Il n'est pas sûr que les lois (*punir*) le racisme.

  d Il doute que les associations antiracistes (*faire*) un travail efficace.

  e Il regrette que sa fille (*être*) dans une école multiculturelle.

  f Le respect de la vie est pour lui la chose la plus importante qu'il y (*avoir*).

2b Les phrases de l'activité 2a sont-elles vraies ou fausses? Corrigez les phrases fausses.

Tahar BEN JELLOUN

Le racisme expliqué à ma fille

Nouvelle édition avec les commentaires des enfants

seuil

3a Voici la traduction d'un passage du texte. Choisissez la bonne option pour que l'anglais soit le plus naturel possible.

> *Back at school / On the first day of the new term*, look around and see how different all pupils are from each other and how beautiful that is. *It's mankind's best hope / It's a chance for humanity*. Because these pupils come from different backgrounds, they're able to share with you what you don't have, as you share with them what they don't have. *By mixing together you make each other richer / Mixing is a mutual enrichment*.

3b Traduisez le dernier paragraphe du texte dans un anglais le plus naturel possible.

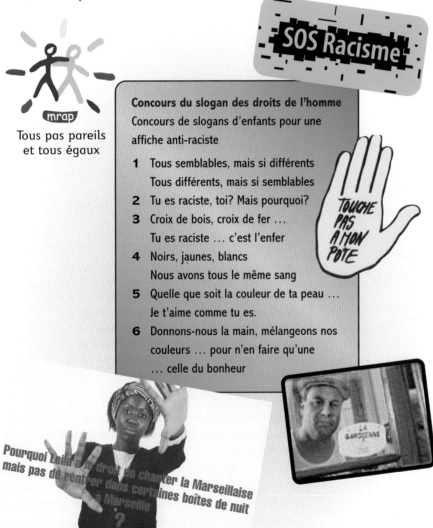

mrap

Tous pas pareils
et tous égaux

SOS Racisme

Concours du slogan des droits de l'homme
Concours de slogans d'enfants pour une affiche anti-raciste

1 Tous semblables, mais si différents
   Tous différents, mais si semblables
2 Tu es raciste, toi? Mais pourquoi?
3 Croix de bois, croix de fer …
   Tu es raciste … c'est l'enfer
4 Noirs, jaunes, blancs
   Nous avons tous le même sang
5 Quelle que soit la couleur de ta peau …
   Je t'aime comme tu es.
6 Donnons-nous la main, mélangeons nos couleurs … pour n'en faire qu'une
   … celle du bonheur

TOUCHE PAS A MON POTE

Pourquoi Leila a le droit de chanter la Marseillaise mais pas de rentrer dans certaines boîtes de nuit à Marseille ??

la discrimination tue les talents

Vous avez des droits: 01 53 24 67 67

4a Regardez les slogans d'associations antiracistes à gauche. Pensez-vous qu'ils sont efficaces? Pourquoi?

4b Imaginez: vous faites partie du jury qui doit choisir le meilleur slogan antiraciste. Discutez avec un(e) partenaire et votez. Soyez prêt(e) à justifier votre choix.

5a Ecoutez l'interview de Philippe, membre d'une association antiraciste. Répondez aux questions suivantes.

1 Que veut dire MRAP?
2 Qu'est-ce que c'est 'l'antiracisme de proximité'?
3 Que fait le MRAP au niveau national?
4 Contre quelles idées du Front National le MRAP se bat-il?

5b Résumez la fin de l'interview en mentionnant les points suivants:

◆ le but de MRAP
◆ les moyens utilisés
◆ la campagne actuelle

6 En groupe, vous allez fonder une association antiraciste. Faites une présentation. Il vous faut:

◆ un nom, un logo, un slogan
◆ une profession de foi écrite (la philosophie et les buts de votre association)
◆ un thème pour une première campagne (par exemple, la passivité de beaucoup de jeunes)
◆ un support pour votre campagne (affiche, annonce radio, clip-vidéo, débat, etc.)

En plus Ecoutez la chanson de Pierre Perret (Feuille 17) et faites les activités.

Zoom examen

The activities on this spread will help you to:

- use the subjunctive
- translate from French into English
- react against racist arguments

Grammaire ⇨ p.133 ⇨ W p.62

The subjunctive

The subjunctive is a mood used to express what you think, feel, wish and how you consider events and actions (uncertain, possible, probable, impossible, etc.).

It is usually preceded by *que*. It is often found:

- after certain conjunctions expressing:
  - time: *avant que, jusqu'à ce que*
  - concession: *bien que*
  - aim: *afin que, pour que*
  - condition: *à condition que, pourvu que, à moins que*

- after many verbs expressing an emotion or an opinion:
  - doubt and fear: *avoir peur que, douter que, ne pas être sûr que*, ne pas penser que**

  (*no subjunctive if used without the *ne … pas*)

  - regret and happiness: *regretter que, être content(e) que*
  - wish, will, necessity: *vouloir que, ordonner que*
  - like, dislike and preference: *bien aimer que, ne pas supporter que, préférer que*

- impersonal expressions: *il faut que, il est possible que, il est important que*

- after a relative pronoun (*qui* or *que*) when it follows a superlative or a negative.

> Marco:
> Salut! Moi, je suis d'accord pour qu'on (être) tolérant …
> mais faut qu'on (être) tolérant avec tout le monde alors!
> La tolérance, dans ma banlieue, qu'est-ce que ça veut dire?
> Ça veut dire que j' (avoir) le droit de me méfier des Noirs qui (vandaliser) ma cité, et j'ai le droit de pas vouloir que ma sœur (sortir) avec un Algérien parce qu'il ne (vivre) pas comme nous.
> Celui qui me dit que je n'(avoir) pas le droit de penser comme ça, c'est qu' il (être) pas tolérant, non?!

A Read Isabelle's message and spot the eight subjunctives. Explain why they are used here.

> Isabelle:
> Bien que je ne sois pas raciste, je ne pense pas qu'on puisse un jour vivre entre personnes de différentes couleurs sans qu'il y ait des tensions, des conflits. Il semblerait que ce soit dans la nature humaine et qu'on n'y puisse rien: les conflits entre humains de différents groupes existent depuis toujours. Je préfèrerais qu'on vive séparément en respectant les limites et le style de vie de chaque groupe. Je regrette qu'on doive en arriver là, mais ne croyez-vous pas que ce soit plus simple pour tout le monde?

B Read Lucas' response and decide if the verbs need to be in the subjunctive or not.

> Lucas:
> Personnellement, je crois qu'il *est / soit* préférable d'encourager les mélanges de couleurs et de styles de vie pour qu'on *peut / puisse* justement un jour tous vivre ensemble en harmonie. J'assiste à beaucoup de manifestations sur ce thème au collège. Je suis convaincu que vivre ensemble *est / soit* nécessaire pour qu'on *apprend / apprenne* à bien se connaître. Et bien se connaître, *c'est / ce soit* sans doute le meilleur moyen qu'on *a / ait* de pouvoir vivre ensemble, en se respectant mutuellement, sans aucun préjugé. La tolérance, ça s'apprend!

C Fill in the gaps in Marco's message with the correct tense of the verb in brackets (in the subjunctive if necessary).

Compétences

Translating from French into English

Your translation should:

– reflect the meaning of the original (activity 1)
– match the style and register of the original (activity 2)
– read like an original piece

Some useful translation techniques to remember:

● Look at phrases rather than individual words.

   a Translate: *Qu'est-ce que <u>ça veut dire</u>? Tu <u>fais preuve</u> de mauvaise foi.*

● Beware of *faux-amis*.

   b Translate: *<u>J'assiste</u> à beaucoup de <u>manifestations</u> sur ce thème au <u>collège</u>.*

● Use context clues.

   c Translate: *ma cité* (city or estate?)

● Ensure you translate all details correctly, including adverbs, conjunctions and prepositions (*à*, *de*, *sur*, *en*, etc. are not always translated by the same word).

   d Translate: *des manifestations <u>sur</u> ce thème au collège; Ne juge pas <u>sur</u> les apparences.*

● Pay attention to verb tenses (some are different in French and English).

   e Translate: *Les conflits entre humains de différents groupes <u>existent</u> depuis toujours.*

● Translate a subjunctive with the English form that best fits: present, infinitive, etc.

   f Translate: *Bien que je ne <u>sois</u> pas raciste; Il semblerait que ce <u>soit</u> dans la nature humaine.*

You have been asked to translate the forum messages (p.64) into English.

1 Firstly, make sure you understand them. Explain the main points of each in English. Discuss with a partner.

   Example: *Isabelle thinks segregation with mutual respect would solve racial tension.*

2 Look at the style in which the messages have been written. One is different from the others. Which one, and how is it different? How will your translation reflect this?

3 Read Sophie's message and improve the English in the translation of it below.

> Sophie:
>
> Bien qu'ils nient être racistes, mes parents ne sont pas d'accord pour que je voie Zahir, un copain du lycée, simplement parce qu'il est d'origine algérienne. J'ai voulu le leur présenter mais ils ont refusé. Ils ne veulent pas qu'il vienne à la maison ni que j'aille chez lui. D'après eux, ils n'ont rien contre sa couleur de peau, mais ils doutent qu'une relation entre nous puisse marcher: notre culture et nos traditions sont, soi-disant, trop différentes. Que dire à ça? Aidez-moi!

Example: *Although they say they're not racist, my parents don't want me to go out with Zahir …*

> Although they deny being racist, my parents are not in agreement with me seeing Zahir, a friend from school, simply because he is of Algerian origin. I wanted to present him to them but they refused. They do not want that he comes home nor that I go to his place. According to them, they have nothing against the colour of his skin but they doubt that a relation between us could work: our culture and our traditions are — supposedly — too different. What to say to that? Help me!

4 Now translate the messages on page 64, making sure your English is as natural as possible.

En plus Do the activities on Feuille 18 for more practice of using the subjunctive and translating into English.

Au choix

1 **S⬛⬛** Ecoutez ce reportage sur le Collectif Egalité. Répondez aux questions.

    1 Qui sont les membres de Collectif Egalité?

    2 Quel est leur but?

    3 Que pensent-ils des quotas? (2)

    4 Pourquoi la présence des minorités à la télé est-elle importante? (2)

    5 Que disent les journalistes à propos de la Coupe du Monde de football? (2)

2 **👥👤** Jeu de rôle.

    A: Vous voulez sortir avec un(e) ami(e) qui n'est pas de la même couleur que vous. Vos parents sont contre. Essayez de les convaincre.

    B: Vous jouez le rôle du père/de la mère de **A**.

3 Regardez le dessin ci-dessous et donnez votre réaction oralement.

    ◆ De quoi s'agit-il?

    ◆ Qu'apprend-on sur la situation des immigrés en France?

    ◆ A votre avis, comment améliorer cette situation?

© *le Nouvel Observateur*

4 Choisissez un des thèmes et écrivez environ 350 mots, en donnant votre opinion.

    ◆ "L'intelligence s'arrête là où le racisme commence."

    ◆ Peut-on respecter les différences entre les groupes d'origines différentes sans créer de barrières?

    ◆ Peut-on 'guérir' du racisme?

    ◆ Répondez à cette annonce vue sur le site de SOS - Racisme:

    "Je travaille sur l'écriture d'un film et je me pose cette question: comment accepter qu'un être cher tienne des propos racistes? Envoyez-moi des suggestions, des expériences personnelles …" Catherine

5 Traduisez ces phrases en français. Utilisez un subjonctif!

    a It's difficult to believe one can still be so prejudiced in today's society.

    b MRAP will fight until the immigrants have the right to vote.

    c Whether they're Black or White should not make any difference.

    d I want my children to live in a more tolerant and open society.

    e The situation is likely to improve if mentalities change.

6 **S⬛⬛** Ecoutez et répétez les phrases suivantes.

    a Le racisme est un '-isme' dangereux, comme l'antisémitisme, le colonialisme, l'esclavagisme ou le nationalisme.

    b Je pense que le respect des différences passe par la tolérance et le refus de l'ignorance.

    c La ségrégation ou la séparation ne sont pas des solutions aux problèmes de discrimination.

    d En conclusion, une meilleure compréhension peut mettre fin aux tensions et à l'exclusion.

1,5 euros les 100 kilomètres

Elles sont jaunes ou rouges et elles circulent sans bruit dans la ville de La Rochelle: de petites voitures électriques dont tout le monde peut se servir. Car La Rochelle a réussi à mettre en place un réseau public de voitures électriques pour réduire à la fois embouteillages et pollution atmosphérique dans l'agglomération.

Les utilisateurs ne manquent pas. Ceux-ci peuvent choisir entre deux options: soit ils louent à la journée ou à la demi-journée une voiture jaune, soit ils s'abonnent au Libre-service électrique (Liselec) pour pouvoir circuler dans une voiture rouge. Une cinquantaine de véhicules sont à la disposition des abonnés, 24 heures sur 24. Un code personnel leur permet de démarrer la voiture qu'il faudra ensuite redéposer dans un des six parkings prévus en ville. Cette option est très prisée du jeune public puisqu'on compte 30% d'étudiants parmi les utilisateurs.

Et pourquoi ne pas acheter une voiture électrique? La municipalité tentera de vous convaincre: si vous ne voulez pas renoncer à la bagnole, faites au moins le choix de l'électricité. C'est pratique: une simple prise de 16 ampères suffit pour la recharge. Sûr: la durée de vie d'une voiture électrique dépasse dix ans. Et les 80 kilomètres d'autonomie permettent aux conducteurs de faire des trajets trois fois plus longs que ceux qu'on effectue d'habitude en ville. Et pour les étourdis, EDF a installé en ville un réseau de prises, accessibles avec une carte à puce. A un tarif réconfortant en ces temps de hausse des carburants: 1,5 euros d'électricité permettent de faire 100 kilomètres.

© *le Nouvel Observateur*

1a Lisez l'article *1,5 euros les 100 kilomètres* et répondez aux questions suivantes en français.

   a Quels sont les avantages des voitures électriques pour l'environnement?

   b Quels clients se servent des voitures jaunes?

   c Que doit faire le chauffeur d'une voiture rouge à la fin de son trajet?

   d Quel système les jeunes préfèrent-ils?

1b Traduisez le dernier paragraphe de l'article en anglais.

2a Lisez le texte *Le racisme sur l'Internet* à droite et complétez les phrases dans le sens du texte.

  a L'auteur est horrifié par …

  b Certaines organisations publient les noms des gens antiracistes pour …

  c L'auteur pense qu'il faut supprimer les sites néonazis parce que …

  d Pour lui, la liberté d'expression ne veut pas dire que …

  e Si la démocratie continue de tolérer les sites racistes …

2b Traduisez les phrases en français, en vous référant au texte.

  a Many people think that the internet will encourage the spread of racism.

  b Websites of racist organisations have led to acts of violence in recent years.

  c If we do not insist on regulation of the internet, democracy could suffer.

  d Freedom of expression should not allow us to forget our responsibility to others.

2c Qu'en pensez-vous? Préparez une présentation orale où vous répondez aux questions suivantes:

  ◆ Faut-il interdire les sites racistes?

  ◆ Quelle est l'influence de l'Internet en ce qui concerne le racisme?

  ◆ Pourquoi le racisme existe-t-il toujours, à votre avis?

  ◆ Que faut-il faire pour le combattre?

3a 🔊 Ecoutez la première partie du passage sur les prévisions au sujet de l'avenir de l'Internet. Trouvez les quatre phrases qui sont fausses.

  a A l'avenir, il sera normal de parler à son ordinateur.

  b L'ordinateur ne fonctionnera que dans une seule langue.

  c Il faudra porter un casque spécial pour communiquer des messages à son ordinateur.

  d On aura toujours besoin d'un écran pour utiliser l'Internet.

  e On pourra communiquer par Internet sans écrire un seul mot.

  f Tout cela se passera dans une vingtaine d'années.

  g La consommation virtuelle et les voyages virtuels feront partie de la vie de tous les jours.

Le racisme sur l'Internet

Le spectre qui nous hante est celui du racisme qui fleurit sur l'Internet. Il faut surfer sur le Net pour comprendre ce qu'il en est, pour voir les pages de ces sites où sont publiées les listes nominatives de militants antiracistes, journalistes, artistes et syndicalistes «à assassiner»; pour voir les images atroces de ces sites néonazis qui s'illustrent par leurs appels incessants à la haine et à la violence.

Faut-il alors réglementer l'Internet ou laisser la Toile porter les pires horreurs? Toutes les images, tous les textes qui bafouent la dignité humaine? Tous les commerces qui foulent au pied les droits de l'homme, au nom d'une «liberté d'expression» affranchie de toute responsabilité envers autrui? Le vrai débat, moral et politique, est là en vérité. Quelle étrange défaite de la démocratie ce serait, encore, de laisser ses ennemis les plus redoutables envahir peu à peu les écrans de nos ordinateurs! Nous affirmons que défendre la liberté d'expression n'est pas tolérer que l'Internet devienne un tout-à-l'égout sans fond.

3b 🔊 Ecoutez la deuxième partie qui concerne l'emploi à l'avenir et résumez-la en répondant aux points suivants.

  ◆ les grandes entreprises

  ◆ les start-up

  ◆ la durée du travail

  ◆ les carrières individuelles

3c Que pensez-vous des idées exprimées ici? Ecrivez un message au forum de Radio-France pour exprimer vos réactions. Ecrivez 150 mots environ.

Crime et châtiment

Après cette unité, vous saurez aborder les thèmes suivants:

- ◆ le crime et la violence chez les jeunes
- ◆ combattre la violence scolaire
- ◆ l'efficacité de la prison
- ◆ un criminel peut-il changer?

Vous saurez mieux utiliser:

- ◆ le mode conditionnel (présent, passé)
- ◆ la concordance des temps
- ◆ les indices grammaticaux à l'oral et à l'écrit

1a Classez les mots ci-dessous en deux catégories: "crimes" et "châtiments". Donnez une définition de chacun. Vérifiez dans un dictionnaire monolingue.

1b Faites quelques recherches et ajoutez d'autres mots sur chaque liste.

2 De quoi s'agit-il? Avez-vous personnellement été victime de crime ou de violence à l'école? Discutez à plusieurs.

délit
la délinquance de voie publique
un vol à la tire
la peine de mort
la délinquance des mineurs
une incarcération
un abus de biens sociaux
la détention à perpétuité
une atteinte aux personnes
une amende
une peine de prison
une agression
le racket
une bagarre
un viol

VIOLENCE À L'ECOLE..

SILENCE! Y'EN A QUI TRAVAILLENT!!

AU SECOOURS!

WIAZ

La perception de l'insécurité

Pourcentage des chefs d'établissement se déclarant concernés par les...

	Collèges	Lycées	Lycées professionnels
Violences verbales	**65** %	**43** %	**64** %
Violences physiques	64 %	37 %	57 %
Dégradation de locaux	28 %	22 %	29 %
Vol ou tentatives de vol	45 %	49 %	51 %
Consommation de stupéfiants	5 %	21 %	21 %
Port de couteau ou cutter	16 %	7 %	14 %
Port d'arme à feu	2 %	1 %	2 %
Racket	11 %	5 %	10 %

Source: MEN, chiffre au 23 trimestre 1997/1998

Des criminels en herbe?

Les jeunes sont-ils vraiment violents? Commettent-ils plus de crimes qu'avant? Pourquoi? Des jeunes Français ont mené l'enquête.

Mais pourquoi cette violence jusque dans les regards croisés sur les trottoirs? Ornella a obtenu des explications nettes. Ils veulent exister et personne ne leur dit rien.

1 La violence caractérise-t-elle les jeunes du xxie siècle? Selon les jeunes interrogés, la violence ne date pas d'aujourd'hui mais prend de plus en plus de place. [...] Les six jeunes que nous avons rencontrés sont tous d'accord sur un fait: la violence existe partout, dans le regard et dans les gestes, à la ville comme à la campagne, même si les villes et les cités sont les plus touchées par cette "maladie".

2 Qu'est-ce qui rend violent un jeune? Mariama, Christine ou Nina incriminent la période de crise que nous vivons. Elle influerait sur les comportements. [...] Le chômage qui se développe ne leur laisse aucune alternative. Ils passent donc leurs journées sans occupation, dans les rues; leur solution: faire quelque chose à tout prix, que ce soit bien ou mal, et dans beaucoup de cas, on s'occupe plutôt mal que bien (bagarres, vols, etc.).

3 Mais la crise n'est évidemment pas la seule cause de la violence: le rôle des parents est lui aussi remis en question. Trois des six jeunes interrogés affirment qu'ils sont de moins en moins présents auprès de leurs enfants. Le soutien de la famille se perdrait et les jeunes seraient livrés à eux-mêmes.

4 Mais pourquoi se raccrocher à la violence alors que les générations précédentes, qui avaient aussi leurs problèmes, réagissaient différemment? Pour Mariama, 18 ans, "*il n'y a plus de respect aujourd'hui*". D'autres jeunes donneront la même réponse. Il leur semble aussi que la crise se ressent plus durement qu'avant. Par ailleurs, les médias paraissent avoir leurs responsabilités en montrant de plus en plus de

violence dans les films, dans les journaux: "*Il y a de la violence partout; quand on allume la télé on ne voit que ça, alors on s'identifie! D'ailleurs, on est violent de plus en plus jeune parce qu'on n'en a pas conscience!*" dit Christine, 16 ans. Selon Eva, une Parisienne de 18 ans, le système capitaliste est la source de tous les problèmes et envenime la situation. D'après elle, il y a, dans la société de consommation les riches d'un côté et les pauvres de l'autre; résultat: la haine qui engendre la violence.

5 Les adolescents interrogés estiment cependant que la violence des jeunes est un moyen comme un autre de s'exprimer et de s'affirmer. Il s'agit de montrer qu'on est une personne à part entière. "*Les jeunes sont bafoués, opprimés et au moyen de la*

violence, ils veulent s'exprimer, montrer qu'ils sont là au même titre que tout le monde! Il faut qu'on nous prenne au sérieux." affirme Mariama. La violence paraît être un moyen – si ce n'est le meilleur – de se faire une réputation. Nina, 22 ans, confirme: "*On trouve des armes et de la drogue partout, alors c'est normal qu'il y ait de la violence et toutes sortes d'abus!*"

6 Quelles pourraient être les solutions? Tous les jeunes interrogés évoquent le rôle de la famille. Les parents devraient être plus présents et plus attentifs. Il faudrait entourer les jeunes pour qu'ils ne se retrouvent pas seuls dans les rues sans but précis dans leur vie. "*Il ne suffit pas de mettre deux terrains de foot et un éducateur pour résoudre le problème!*" remarque Mariama. Il faudrait du travail pour tous. Enfin, les jeunes mettent l'Etat en cause: pour certains, les répressions contre les fautes graves ne sont pas assez dures et il faudrait les renforcer, alors que d'autres pensent que la violence est dans l'ordre des choses et que l'on ne peut rien changer.

Ornella Anthony

1 Lisez le texte d'Ornella. Redonnez son titre à chaque paragraphe.

   a La violence se banalise

   b Des solutions au problème

   c L'inactivité pousse au crime

   d La violence urbaine en hausse

   e La violence comme moyen d'expression

   f Des parents moins présents

2a Voici des raisons possibles à la violence des jeunes. Traduisez à l'aide d'un dictionnaire si nécessaire.

   a le chômage des jeunes

   b la crise économique

   c la culture de la violence

   d le décrochage scolaire

   e la délinquance

   f la démission parentale

   g la perte des "valeurs"

   h la précarité des familles

   i la rebellion de l'adolescence

   j la violence au sein de la famille

2b Lesquelles sont mentionnées dans le texte? Expliquez en quelques mots.

   Exemple: a Les jeunes au chômage n'ont pas d'occupation …

2c D'après vous, quelles sont les raisons principales? Pouvez-vous en trouver d'autres?

3 Quelles solutions Ornella mentionne-t-elle dans son texte? (3) Qu'en pensez-vous? Existe-t-il d'autres solutions? Donnez des exemples concrets.

4 *Zoom langue: le mode conditionnel.* Trouvez sept verbes au mode conditionnel dans le texte d'Ornella et expliquez leur utilisation en anglais.

   Exemple: [la crise] influerait … = it's a hypothesis.

5a Ecoutez. Arnaud interroge un journaliste sur l'insécurité en France. Répondez aux questions.

   1 Quelle sorte de crime est en diminution depuis 1999?

   2 Quelle sorte de crime a augmenté de 10%?

   3 Comment explique-t-on cette proportion inverse? (2)

   4 Pourquoi le nombre réel de crimes est-il plus élevé que le chiffre officiel?

   5 Donnez des exemples de ce qui alimente le sentiment d'insécurité. (4)

5b Complétez ce résumé avec les mots encadrés. Attention aux accords en genre et en nombre!

Le nombre réel des crimes et délits en France est sous- — . Si l'évolution de la délinquance de voie publique s'est — depuis 99, les crimes — de violence se sont — de façon — : ils sont essentiellement — par la drogue. Les victimes d'agression sont souvent — de milieux — et elles ne vont pas à la police. Cette violence physique est ce qui contribue le plus au sentiment d'insécurité.

> accompagnés – défavorisés – estimé – inquiétante
> – issues – motivés – multipliés – stabilisée

6 Les jeunes commettent-ils plus de crimes violents qu'avant? Expliquez en environ 350 mots.

En plus Ecoutez un membre de *Stop la Violence!* (Feuille 19).

Le crime et la violence semblent désormais faire partie de l'univers scolaire de beaucoup de jeunes. Il est temps de réagir. Mais que faire?

Mort pour avoir dit non

Jean-Marc, lycéen de 17 ans, a refusé d'être la victime d'un racket. Un coup de pied l'a tué. A Saint-Priest*, des jeunes et des adultes disent leur dégoût de la violence ordinaire.

Recouvert de bouquets de fleurs, le banc public ressemble à un cercueil. Il y a quelques jours, la tête de Jean-Marc à violemment heurté ce bloc de béton coffré de bois. Le garçon n'avait guère de chance de s'en sortir. Il est mort après trois jours de coma. Il avait 17 ans, il était lycéen, pratiquait le judo. Il n'a pas voulu se laisser racketter. Un coup de pied au visage l'a projeté en arrière.

Son agresseur avait le même âge, mesurait plus de deux mètres et fréquentait, plus ou moins, un institut médico-professionnel. Quand on l'a interrogé, le grand n'a rien dit aux éducateurs, encore moins à son avocat. Au juge, il a expliqué: "*Il avait insulté ma mère*". C'était faux, ses complices l'ont avoué. Jean-Marc avait seulement dit non [...] lorsque les trois jeunes des Minguettes* ont exigé son argent et sa chaîne.

Dès l'annonce de sa mort, le lycée Condorcet à Saint-Priest s'est figé. Les élèves de la terminale dans laquelle Jean-Marc préparait un bac de génie industriel se sont regroupés, incapables de travailler. Au troisième étage, une prof de philo a ouvert sa classe. Très vite des photos, des cierges et des textes s'y sont accumulés. Surtout des textes. Comme un besoin de dire le dégoût d'une violence quotidienne, de ne plus cacher sa peur.

La mort de Jean-Marc a levé le non-dit. C'est David qui confie: "*[...] Trois fois je me suis battu, on voulait prendre mon blouson.*" C'est Stéphane et Abdel qui poursuivent: "*Et encore, le lycée, c'est calme, il n'y a pas trop de violence. Il faut voir les bagarres à l'extérieur avec quelques jeunes des cités d'à côté.*" Ce sont aussi les profs qui leur rappellent que la violence est latente, que le lycée n'est pas épargné: "*L'an dernier, lorsque la prof de français s'est fait agresser [...], vous saviez bien qui c'était. Personne n'a voulu parler.*" Et le proviseur de corriger: "*Or il y a eu un élève qui a dit tout haut que tout le monde savait d'où venait l'agression. Il a été le seul: c'était Jean-Marc.*" [...] Il ne cache pas sa colère: "*Le problème, c'est le sentiment d'impunité des jeunes qui exercent une toute-puissance chez eux, où tout se dérègle, puis au collège et enfin au lycée, où personne n'ose plus les affronter. Il faut leur rappeler qu'il y a des limites, qu'une ligne jaune ou un feu rouge sont faits pour ne pas être franchis.*" [...]

Ce qui a encore plus exacerbé les passions à Saint-Priest, c'est que le racketteur était connu des services de police. Des violences et des rackets, il en avait déjà commis. Mais, mineur, il n'avait pas été mis en détention, ni éloigné des Minguettes où il sévissait. Ce qui a fait dire à Stéphane Noël, juge d'instruction à Lyon: "*Il faut en finir avec l'angélisme des ordonnances de 1945* sur la délinquance des mineurs. En cinquante ans, les enfants ont changé, pas les lois.*"

© le Nouvel Observateur

* Saint-Priest: banlieue de Lyon
* Les Minguettes: cité en banlieue de Lyon
* l'ordonnance de 1945: loi selon laquelle un mineur délinquant est présumé irresponsable pénalement

1a Lisez le texte sur la mort d'un jeune lycéen, victime de racket.

1b Répondez aux questions en donnant le plus de détails possible.

1 Expliquez les circonstances de la mort de Jean-Marc.

2 Qui est responsable de sa mort?

3 Qu'est-ce que la mort de Jean-Marc a déclenché?

4 A votre avis, pourquoi les lycéens gardent le silence face à la violence?

5 Quelle est l'attitude du proviseur?

6 Que pense le juge d'instruction des sanctions pour délinquance juvénile? Etes-vous d'accord?

7 Selon vous, quelle sanction mérite l'agresseur de Jean-Marc?

2 👥 Imaginez la conversation entre l'avocat de l'agresseur de Jean-Marc, qui expose les circonstances atténuantes, et le juge d'instruction qui veut une sanction sévère. Regardez la grammaire à la page 73 et utilisez les idées et le vocabulaire des pages 70–71.

Grammaire ⇨ p.133 ⇨ W p.79

The perfect conditional

The perfect conditional is the conditional of *être* or *avoir* + a past participle. It refers to something which hasn't actually taken place, often expressing a regret or a reproach.

Examples:

J'aurais dû le faire.	I should have done it.
Il ne serait pas mort.	He wouldn't have died.

(A) Complete these sentences using a verb in the conditional perfect.

1 S'il n'était pas mort, Jean-Marc (*avoir*) un bac de génie industriel.
2 S'il n'avait pas résisté aux racketteurs, Jean-Marc (*ne pas mourir*).
3 S'il n'habitait pas aux Minguettes, son agresseur (*être*) sans doute différent.
4 Les policiers (*devoir*) arrêter le racketteur dont ils connaissaient le dossier.
5 On (*intervenir*) si le coupable n'était pas un mineur.
6 On (*pouvoir*) empêcher la mort de Jean-Marc en réagissant tous contre la violence.

(B) Who do you think might have said each sentence in activity A: Jean-Marc's parents, the headmaster, Jean-Marc's friends, the defence lawyer, the police?

(C) Create more sentences using the conditional perfect.

3a 👥 Avant d'écouter le reportage sur comment lutter contre la violence scolaire, discutez et classez par ordre d'importance les causes possibles.

a l'échec scolaire
b la violence dans les médias
c la drogue
d le développement de cités-ghettos
e le manque d'autorité des parents
f le manque d'autorité des enseignants
g le manque de répression à l'école
h le manque de soutien parental

En plus Expliquez en quelques phrases le lien entre a–h de l'activité 3a et la violence scolaire.

Exemple: a – *L'échec scolaire peut mener à un comportement violent dans la mesure où il est démotivant: un élève qui n'est pas motivé ne va pas s'intéresser aux cours et va chercher à s'occuper autrement.*

3b 🔊 Ecoutez la première partie du reportage et comparez vos réponses à l'activité 3a à celles des lycéens français. Réécoutez et notez deux choses qui indiquent la gravité de la situation en France.

3c 🔊 Notez, parmi les solutions suivantes, celles suggérées par les élèves.

a plus de surveillants
b plus d'activités culturelles et sportives
c élir des élèves "médiateurs" (pour faciliter le dialogue élèves-élèves)
d plus d'instruction civique et morale
e moins d'élèves par classe
f plus de réunions profs-parents
g responsabiliser et sanctionner les parents des jeunes délinquants
h plus de discipline au sein de l'établissement
i des récompenses pour bonne conduite
j plus de psychologues scolaires

En plus Expliquez en quoi les suggestions ci-dessus peuvent aider à diminuer la violence en milieu scolaire. Donnez votre opinion sur chacune (utilisez le conditionnel!).

Exemple: 1– *Le fait d'avoir plus de surveillants dans les couloirs ou dans la cour peut empêcher certains élèves de faire du racket. A mon avis, ceci serait très bénéfique …*

3d 🔊 Ecoutez la deuxième partie du reportage. Notez les quatre propositions faites par les lycéens.

4 👥 En groupe, préparez un manifeste pour dire non à la violence. Ecrivez un texte et créez un poster/un dépliant/un clip radio ou vidéo. Utilisez le plus possible les idées et le vocabulaire des pages 69–73.

En plus Lisez un document sur la justice et les délinquants mineurs en France (Feuille 20).

Justice ou injustice?

Comment punir le crime? La prison est-elle vraiment efficace? Existe-t-il des alternatives plus adaptées à la nature du crime et à la société moderne?

[…] A la fin du XXe siècle, une poignée de Français réussit à imposer une idée peu populaire, celle de l'abolition de la peine de mort. Privatrice des droits fondamentaux (aller et venir, vivre en famille), et productrice de désinsertion sociale, la prison est à son tour remise en question.

[…] Dans bien des cas, la prison ne marche pas. Elle ne répond pas à ce que l'on attend d'elle: punir, dissuader et amender. Certes, l'enfermement punit. Mais dissuade-t-il le criminel en herbe? En partie peut-être. Amende-t-il? C'est beaucoup moins sûr. Depuis toujours, on parle de la prison comme d'une école du crime, où l'on apprendrait les ficelles du métier, dont l'on ressortirait plus caïd, et moins inséré, qu'à l'entrée. Une étude sur la récidive est éloquente: 60% [des détenus] sont impliqués dans une nouvelle affaire dans les cinq ans qui suivent leur libération. […] Qu'exige-t-on de la justice? Qu'elle sanctionne, bien sûr, mais efficacement. […] Selon Patrick Marest, militant des droits des prisonniers: *"La seule prison utile se tiendrait au milieu de la cité, mais vide. Comme croque-mitaine*. C'est le principe de la dissuasion nucléaire, qui ne fonctionne que si l'on ne s'en sert pas."* […]

La privation de liberté est un acte grave, qui ne pourrait être justifié que par une utilité publique. Or à quoi sert-elle pour le voleur, l'étranger sans papiers, le malade sexuel, le drogué, le caillasseur* de bus ou le coupable d'abus de biens sociaux? Est-on bien certain que ce soit la meilleure réponse? Non, souvent la prison est une réponse facile et paresseuse: "Tu as fauté, on t'enferme en espérant que tu deviendras meilleur." Qui évite de se poser la question de fond: qu'est-ce qui réparerait le mal causé et garantirait que cela ne se reproduise pas?

Tout dépend évidemment de la gravité des actes commis, de la dangerosité des coupables. La tendance actuelle montre que les juges ont intégré l'idée que les atteintes aux biens peuvent être sanctionnées autrement que par la prison. […] Comme la suspension du permis (y compris pour les voleurs), le TIG (travail d'intérêt général) est entré dans les mœurs. Il contraint le délinquant à travailler gratuitement pour la collectivité. Il marche mieux que la prison en terme de récidive. Et argument non négligeable, il coûte moins cher.

Condamner et sanctionner, sans nécessairement enfermer. C'est la logique de la "médiation pénale". Coupable et victime se rencontrent et déterminent la réparation du dommage subi. L'idée de réparation oblige à penser une sanction plus adaptée et plus responsabilisante.

Restent les dangereux criminels dont il faut se protéger. Le bracelet électronique n'est plus un fantasme de science-fiction. La loi est votée, les premières expérimentations ont lieu en 2000.

De la même manière, on s'interroge sur le "traitement" des coupables de viols et d'agressions sexuelles. […] Accompagnée d'un suivi psychologique, (la castration chimique) donne de "bons" résultats là où elle est expérimentée. Jacques Lesage de la Haye est un ancien détenu devenu psychologue. *"Mettre en prison ces criminels est une méthode insécuritaire,* dit-il. *Mal suivis et maltraités par les autres détenus, ils y deviennent plus fous encore. Une société intelligente et généreuse pour elle-même tenterait plutôt de les guérir de leurs pulsions. Quitte à les priver de liberté le temps du traitement."* Moins de prisonniers, ce serait plus de personnel pour s'occuper vraiment des plus inquiétants d'entre nous …

[Isabelle Monnin]
© *le Nouvel Observateur*

---

* un croque-mitaine: quelque chose d'effrayant
* un caillasseur: qui lance des cailloux

1 Lisez l'article et trouvez les mots et expressions suivants (dans l'ordre du texte).

a social exclusion
b reoffending
c efficiently
d obviously
e to do community service
f to punish
g makes people aware of their own responsibilities
h method which goes against security
i to attempt to
j even if it means

2a Relisez l'article d'Isabelle Monnin et notez:

a les raisons pour emprisonner les coupables (3)
b les arguments contre l'emprisonnement (5)
c les dangers de l'incarcération pour certains criminels (2)
d les alternatives à l'incarcération (5)

2b Discutez chaque point (a-d de l'activité 2a) avec votre partenaire. Préparez une liste d'arguments pour et contre l'incarcération.

3 Utilisez les mots et expressions de l'activité 1 à la bonne forme pour compléter ce bref résumé de l'article. Faites bien attention à la fonction des mots (nom, verbe, adjectif, adverbe, etc.).

La prison est productrice de — . Elle ne punit pas les coupables —: elle ne représente pas une sanction assez — puisque le taux de — est très élevé. On ne peut — pas laisser les criminels les plus dangereux en liberté mais les enfermer n'est pas toujours utile. Dans certains cas, comme celui d'auteurs de crimes sexuels, la prison peut même être une mesure — puisqu'ils risquent d'y empirer. Il vaudrait mieux — les guérir, — les enfermer le temps du traitement. D'autres méthodes pour — les crimes sont désormais utilisées, comme — ou porter un bracelet électronique.

4a Ecoutez le début de l'entretien avec Philippe, un ancien détenu. Notez ce qui se serait passé ou pas s'il n'avait pas été condamné à une peine de prison.

Exemple: Il aurait réparé sa faute et payé sa dette de façon plus utile.

4b Ecoutez la deuxième partie et répondez aux questions suivantes.

a Quels sont les deux problèmes majeurs des prisons françaises?
b Quelles en sont les conséquences?
c Pourquoi la prison est-elle un "enfer" selon Philippe?
d Qu'est-ce qui démontre l'échec du système carcéral?

4c Ecoutez la fin de la conversation et complétez ces phrases avec un mot (réfléchissez à sa fonction!).

a Selon Philippe, le — des peines alternatives à la prison est préférable à l'amélioration des conditions de vie en prison.
b Quand on va en prison, on — avec les réalités de la vie extérieure.
c Actuellement, l'emprisonnement n'est pas une sanction —.
d Le TIG, c'est — sans être payé pour réparer la faute commise vis-à-vis de la communauté.
e Les délinquants se réinsèrent plus — et —.

5a Imaginez: vous devez rendre la justice. Discutez et décidez quelle sanction vous donneriez à …

1 la personne qui a tué de Jean-Marc (page 72)?
2 un jeune incendiaire de voiture dans une cité?
3 un toxicomane qui a volé l'argent de la caisse d'un supermarché?
4 un automobiliste ivre qui a grièvement blessé un enfant?

5b A vous d'envisager d'autres cas. Discutez et comparez vos décisions entre groupes.

6 Répondez aux questions posées en haut de la page 74 en donnant votre avis (environ 350 mots). Aidez-vous des arguments des pages 74–75.

Zoom examen

The activities on this spread will help you to:

- use the conditional (present and past)
- use different tenses together
- use grammatical clues

La peine de mort a été abolie en France par Robert Badinter, ministre de la Justice, en 1981. Mais par quoi l'a-t-on remplacée? Examinons le cas célèbre de Patrick Henry.

LE PROCÈS DE PATRICK HENRY

Le 18 janvier 1977 verra l'ouverture d'un procès mémorable, celui de Patrick Henry. Un hebdomadaire l'annonce sous le titre "Procès d'un guillotiné". L'accusé semble indéfendable. Il a enlevé un enfant dans l'espoir de rançonner ses parents, l'a séquestré dans une chambre d'hôtel et l'a tué. Il disait lorsqu'il n'avait pas encore été arrêté: *"Je suis pour l'application de la peine de mort pour ceux qui s'en prennent aux enfants"*.

Avant l'arrestation, durant les recherches qui durèrent vingt jours, les déclarations se multiplient. Rompant avec la réserve qui aurait dû être la leur, les ministres de la Justice et de l'Intérieur réclament au minimum "un châtiment exceptionnel" ou précisent même qu'ils souhaitent la peine de mort. L'affaire prend un tour passionnel et les médias contribuent à sa dramatisation. Il devient difficile de trouver un défenseur à cet homme jeune, accusé de l'horrible assassinat d'un enfant. Le bâtonnier Bocquillon puis Maître Robert Badinter sont ceux qui acceptèrent "de peser sur la conscience des jurés" et de défendre Patrick Henry.

Après trois jours de débats, et deux heures de délibérations, le jury fait connaître son verdict: Patrick Henry est condamné à la réclusion à perpétuité. Un verdict qui étonne la France, la presse évite de se prononcer, elle déclare sa désapprobation en parlant des manifestations de mécontentement de la foule, mais l'envoyée spéciale du Monde conclut son billet par cet espoir : *"L'histoire rendra peut-être un hommage à ces neuf Français moyens qui, les premiers, dans l'Aube, ont eu le courage d'abolir la peine de mort"*.

Patrick Henry, lui, lança au jury: *"Vous ne le regretterez pas."*

© *Amnesty International*

Grammaire p.127

Using tenses

Check when to use each tense (pages 127–136). Sometimes you can uses tenses to enhance meaning and create impact.

(A) Explain the use of the different tenses in the text.

Examples: verra = future tense used to refer to a past event in order to emphasize its importance
annonce = present tense used to refer to the past for impact

(B) Rewrite the text in the perfect tense. Change the other tenses as necessary.

Example: Le 18 janvier 1977 <u>a vu</u> l'ouverture … Un hebdomadaire <u>l'a annoncé</u> … L'accusé <u>semblait</u> indéfendable.

(C) Complete the following sentences using the most appropriate tense of the verb in brackets.

1 Pour les Français, Patrick Henry était un monstre parce qu'il (*tuer*) un enfant.
2 L'opinion publique pensait que Henry (*ne pas changer*) jamais.
3 Selon le ministre de la Justice de l'époque, Henry (*devoir*) être exécuté.
4 Le jury a pensé que Henry (*pouvoir*) peut-être se racheter.
5 Patrick Henry a promis aux jurés qu'ils ne (*pas regretter*) leur décision.

(D) Now translate these sentences into English.

1 Lisez le texte et répondez aux questions.

1 Quel crime Patrick Henry a-t-il commis?
2 Expliquez l'expression "procès d'un guillotiné".
3 Qu'est-ce qui rend la défense de Patrick Henry difficile?
4 En quoi sa condamnation a-t-elle été marquante?
5 Qu'est-ce qui a motivé la décision du jury?

2 Quel aurait été votre verdict? Répondez en utilisant des verbes au conditionnel passé (*condamner, sanctionner, incarcérer, envoyer, traiter, etc.*).

Exemple: J'aurais condamné Patrick Henry à … parce qu'à mon avis …

Compétences

Making use of grammatical clues

When you are asked to fill in gaps in a text, the meaning of the sentence will guide you but grammar can help you too.

- Make sure the word chosen fits the meaning of the sentence.

- Work out the nature of the word needed:

  noun, adjective, adverb, verb, pronoun?

- Then work out the most appropriate form for that word:

  – for nouns, adjectives and pronouns, look at gender (masculine or feminine?) and number (singular or plural?)

  – for verbs: look at person, mood and tense, and remember agreement of past participles.

Patrick Henry, condamné à perpétuité (30 ans) en 1977 pour le meurtre d'un enfant de 7 ans

(1) ▣ Listen to what these young French people think about the Patrick Henry case. The following sentences sum up their views. Choose a word from each pair in the box and put it in the correct form to complete the sentences.

1 Il faut que Patrick Henry — sa peine — pour l'exemple et de peur qu'il récidive.

2 Après avoir — un crime pareil, il ne — jamais redevenir une personne "normale".

3 Il ne faut pas que la peine de mort soit — par une "peine de vie" où le détenu n'a — possibilité de s'amender; vivre sans aucun —, c'est vivre comme un mort.

4 Henry — plus de 20 ans en prison. Il faudrait écouter l'avis des experts selon — il y a un moment précis où — d'un détenu peut se faire avant qu'il ne se déshumanise.

purger/ écourter	entier/normal
sortir de/commettre	être/pouvoir
remplacer/comparer	aucun/beaucoup
espérance/espoir	avoir/vivre
lequel/quel	les progrès/la réinsertion

(2) ▣ Listen again and note other details. With which view do you agree? Give your opinion on each.

(3) What is your own view on the Patrick Henry case?

(4) Read and fill in the text below with the words listed, putting each one in the appropriate form for it to make sense. Make use of any grammatical clues!

(5) ▣ Listen to the recording and check your answers.

Marc Chevanche écrit dans NICE-MATIN:
"Patrick Henry, par la puissance du verbe de Robert Badinter, a donc — à la peine capitale. La détention à — est son châtiment. De surcroît, s'il était aujourd'hui condamné, nul doute que — condamnation — assortie d'une peine incompressible de trente ans.[…] La notion de libération —, aussi choquante et — qu'elle — être pour les victimes ou — familles, est néanmoins encore un signe de — humanité. De même que le droit pénal — proportionnalise les peines, entend, s'il y a lieu, les circonstances — et s'émancipe de la rudesse biblique du "œil pour œil, dent pour dent", de même associe-t-il à la notion de châtiment, — d'amendement du criminel."

pouvoir – échapper – être – conditionnel – douloureux – leur – haut – civilisé – atténuant – perpétuité – ce – celui

En plus See Feuille 21 for more practice at using tenses and grammar clues in gap-fill activities.

Au choix

1 **S[📼]** Ecoutez l'intervention ironique d'un journaliste sur le bracelet électronique pour les jeunes délinquants en Grande-Bretagne.

   a Expliquez ce que le bracelet électronique est exactement.

   b Pourquoi utiliser ce bracelet?

   c Le journaliste est-il d'accord pour son utilisation sur les enfants? Pourquoi à votre avis?

   d Comment exprime-t-il ses doutes?

   e Que pensez-vous personnellement du bracelet électronique?

2a Lisez l'article et répondez aux questions en français.

   1 De quoi s'agit-il dans cet article?

   2 En quoi la situation en Grande-Bretagne ressemble-t-elle de la situation en France? Donnez les raisons pour expliquer votre résponse.

   3 Comment sont-ils affectés les chiffres par la délinquance des jeunes?

   4 Quelle est votre expérience personnelle du phénomène de violence scolaire?

2b Traduisez le dernier paragraphe (en italiques) en français. Attention aux temps des verbes!

Crime is getting better – and worse

We have become used to hearing that today's generation of young people is out of control. Headlines highlight teenagers on the rampage, seemingly out of reach of the not-so-long arm of the law. Children, we are told, have never been so badly behaved. […]

During the past month, two Home Office reports have painted depressing pictures of criminal activity among young people. […] One survey found that the group most likely to commit crime is men aged 18-21, both boys and, less commonly, girls under 16 were involved in a range of criminal activities [...] Common crimes ranged from fighting (mainly boys) to shoplifting (girls) and criminal damage (both). […]

But just as the evidence of moral decline in young people seemed incontrovertible, a second study was published showing that overall crime is down. […] It showed that the total number of crimes had fallen by 10% since 1997, with particularly big drops in the number of burglaries and vehicle thefts. The survey does show an increase in violent crime and the authors suggest that it is almost entirely as a result of an increase in attacks on and by 16-year-olds. Indeed without the increase in school-age crime, robberies would have increased by only 2% instead of 14% and the number of muggings would have fallen rather than risen.

3 Lisez ce commentaire d'un prisonnier et commentez-le en 300 mots environ.

Après un certain temps, très différent selon les individus, l'emprisonnement n'a plus de sens et transforme le détenu en fauve violent ou en bête anéantie. Ce qui l'attend à la sortie: la récidive ou le suicide.

4 **S[📼]** Ecoutez et répétez les phrases suivantes.

   a L'absence d'autorité et de soutien des parents jouerait un rôle dans l'augmentation de la violence chez les jeunes.

   b Beaucoup de jeunes délinquants n'en seraient pas là où ils sont s'ils avaient reçu une aide plus adaptée à leurs besoins.

   c Parmi les jeunes délinquants, beaucoup n'auraient pas récidivé s'ils n'avaient pas été au contact de véritables criminels lors de leur séjour en prison.

   d Le cas de Patrick Henry n'aurait pas été si médiatisé s'il n'avait pas été un signe précurseur de l'abolition de la peine de mort en France et peut-être maintenant d'une nouvelle réforme pénale.

L'avenir de l'Europe

Après cette unité, vous saurez aborder les thèmes suivants:

- ◆ l'importance de l'Europe dans la vie quotidienne
- ◆ les institutions de l'Union européenne et l'euro
- ◆ le déroulement d'un sommet européen
- ◆ le rôle de l'Europe dans le monde

Vous saurez mieux:

- ◆ traduire un texte anglais en français et avec plus de précision

1 👥 Discutez avec un(e) partenaire.

a Quels pays d'Europe avez-vous visités?

b Quels pays européens aimeriez-vous visiter?

c Quels films européens avez-vous vus?

d Quels Européens célèbres connaissez-vous? Nommez trois personnages de trois pays différents dans chacun des domaines suivants: le sport, le cinéma, la politique, la musique.

e Proposez un autre domaine où il existe une dimension européenne.

2 Répondez aux questions suivantes.

a Quels pays font partie de l'Union européenne à l'heure actuelle? Et de la zone euro?

b Quels pays espèrent en devenir membres?

c Quand auront lieu les prochaines élections européennes? Allez-vous voter? Pourquoi (pas)?

La vie européenne

Quel rôle l'Europe joue-t-elle dans notre vie quotidienne?
Jusqu'à quel point sommes-nous déjà européen(ne)s?
Est-il compliqué de se déplacer en dehors des frontières?

1a 👥 De quels pays européens proviennent les produits ci-dessus?

1b Nommez des aspects européens de la vie quotidienne. Considérez en particulier l'alimentation, le mobilier et les appareils électroménagers, les loisirs, les vacances.

1c 👥👥 Imaginez comment serait votre vie de tous les jours s'il n'y avait que des produits britanniques. Discutez avec un(e) partenaire, et ensuite avec le reste de la classe.

1d Préparez un court exposé oral sur l'influence européenne de la vie quotidienne.

2a Avant d'écouter l'émission d'actualités, cherchez les mots suivants dans un dictionnaire bilingue:

   a la hausse   **d** le pétrole
   b le carburant   **e** le routier
   c faire tache d'huile   **f** la navette

2b 📼 Ecoutez et notez pour chaque reportage les détails suivants:
- les pays européens mentionnés
- de quoi il s'agit
- pourquoi le reportage est important pour les autres pays européens.

3a Lisez l'article *Voyager au meilleur prix* à la page 81 et complétez les phrases suivantes.

1 Si vous achetez la carte 12–25, vous bénéficiez de réductions chez …
2 Pour moins de quatre-vingts euros, vous pouvez …
3 La "formule nocturne" permet aux jeunes de …
4 Pour bénéficier de la carte Inter-Rail, vous devez …
5 Avec la carte la plus chère, on a la possibilité de …
6 La carte Inter-Rail est surtout avantageuse pour ceux qui …
7 Tous les voyages sont envisageables chez Eurolines, car …
8 Les hébergements proposés par Eurolines comprennent …

Voyager au meilleur prix

Train

La SNCF propose une carte de réduction pour les jeunes qui se déplacent souvent en train: la carte 12-25.

Notez que la SNCF s'est entourée de trois partenaires, United Airlines, Eurostar et Avis, offrant de nombreux avantages aux possesseurs de la carte. Chez Eurostar, vous bénéficiez d'une réduction de 25% pour découvrir les plaisirs de Londres. A noter, les nouvelles offres: le "day trip" et le "night trip". A condition de rester une nuit à Londres, la formule "day trip": 75 euros l'aller-retour en Eurostar. Pour les night-clubbers, une formule nocturne permet de réduire les prix à 29 euros l'aller-retour, à certaines conditions. Pensez à vous renseigner à l'avance pour aller passer votre samedi soir dans la capitale anglaise!

Pour ceux qui rêvent d'élargir leurs horizons, la carte Inter-Rail permet aux moins de 26 ans de bénéficier de la gratuité des transports en train dans plusieurs pays pendant 22 jours. Son prix varie de 192 euros pour sillonner une zone à 331 euros pour quatre à huit zones. Une zone correspond à un groupe de pays proches géographiquement. Par exemple: l'Italie/la Grèce/la Slovénie/la Turquie ... Une excellente formule si vous avez décidé de partir cet été à la découverte de plusieurs pays.

Autocar

Paris-Prague AR: 108 euros. Qui dit mieux? On l'oublie souvent: si le car n'est pas le moyen de transport le plus rapide, il reste certainement un des moins onéreux. Eurolines, le premier réseau européen de lignes régulières d'autocars, vous offre le 'tout comfort', radio, climatisation, bar, toilettes: ici, le confort est roi et le voyage express.

Le credo d'Eurolines, c'est l'Europe et quand on dit Europe, c'est vraiment toute l'Europe, de la Finlande au Portugal, en passant par la Russie. Avec 26 pays desservis, tous les voyages sont envisageables, même au départ de province. Et surtout rien n'est cher. Eurolines propose des formules car + séjour sur plus de 20 métropoles européennes, avec des hébergements allant de l'auberge de jeunesse à l'hôtel 4 étoiles en passant par les chambres chez l'habitant et les campings. La cerise sur le gâteau, c'est le Eurolines Pass, une formule qui vous permet de voyager sans limite pendant 30 jours (232 euros) ou pendant 60 jours (287 euros) entre 48 villes européennes. Renseignez-vous!

3b Comment préféreriez-vous voyager en Europe, par le train ou en autocar? Quelles sont les propositions de l'article qui vous intéressent? Discutez avec un(e) partenaire.

3c Vous décidez de partir avec des amis à la découverte de l'Europe. Faites vos projets et préparez un exposé pour la classe. Abordez les aspects suivants:

- les pays que vous voulez visiter
- les voyages et l'hébergement
- les difficultés que vous prévoyez
- les bénéfices que vous espérez en tirer

4 "La vie des jeunes devient de plus en plus européenne". Etes-vous d'accord? Rédigez une courte dissertation à ce sujet où vous considérez le rôle de l'Europe dans la vie quotidienne des jeunes.

L'Union européenne

Que savez-vous des institutions et du fonctionnement de l'Union européenne?

Quelle est l'importance de l'euro? Comment les attitudes à l'égard de la monnaie unique ont-elles changé depuis le début du nouveau millénaire?

1a Lisez les affirmations suivantes et trouvez les quatre phrases qui sont fausses. Corrigez-les.

1 Le Parlement européen siège à Strasbourg.
2 Les députés du Parlement européen sont élus directement pour un mandat de trois ans.
3 Le Parlement européen vote le budget communautaire.
4 Les chefs d'Etats ou de gouvernement des pays membres de l'UE se réunissent une fois par an.
5 Les chefs d'Etats ne se réunissent jamais dans le pays qui assure la présidence de l'UE.
6 On appelle souvent le Conseil de l'Union européenne le Conseil des Ministres, car tous les ministres des pays membres y participent.
7 La composition du Conseil de l'Union européenne change en fonction de l'ordre du jour.
8 La Commission européenne propose des textes de lois.
9 Le siège de la Banque centrale européenne est à Luxembourg.

1b Lisez la page web et expliquez ce que font:

a le Conseil européen (les chefs d'Etats et de gouvernement)
b le Conseil de l'Union européenne
c la Commission européenne
d le Parlement européen

2 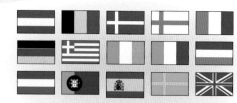 Ecoutez les conclusions du sondage annuel sur l'Union européenne et répondez aux questions.

1 Dans combien de pays les enquêtes ont-elles été réalisées?
2 Combien des personnes interrogées se sont-elles déclarées satisfaites de la construction européenne en 2000 par rapport à l'année précédente?
3 Dans quels pays la plupart des habitants sont-ils satisfaits de la manière dont l'UE se construit?
4 Quelle est l'attitude des jeunes à l'égard de l'Union européenne?
5 Dans quelles institutions existe-t-il un manque de confiance général?

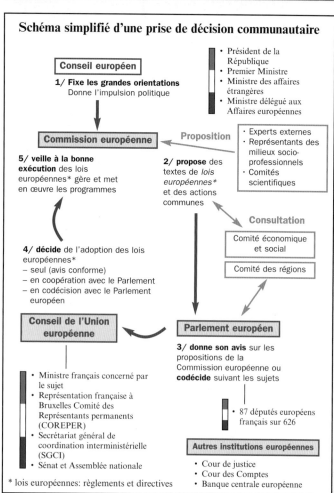

Schéma simplifié d'une prise de décision communautaire

Conseil européen
1/ **Fixe les grandes orientations**
Donne l'impulsion politique

- Président de la République
- Premier Ministre
- Ministre des affaires étrangères
- Ministre délégué aux Affaires européennes

Commission européenne

Proposition

- Experts externes
- Représentants des milieux socio-professionnels
- Comités scientifiques

5/ **veille à la bonne exécution** des lois européennes* gère et met en œuvre les programmes

2/ **propose** des textes de *lois européennes** et des actions communes

Consultation

Comité économique et social

Comité des régions

4/ **décide** de l'adoption des lois européennes*
– seul (avis conforme)
– en coopération avec le Parlement
– en codécision avec le Parlement européen

Conseil de l'Union européenne

Parlement européen

3/ **donne son avis** sur les propositions de la Commission européenne ou **codécide** suivant les sujets

- Ministre français concerné par le sujet
- Représentation française à Bruxelles Comité des Représentants permanents (COREPER)
- Secrétariat général de coordination interministérielle (SGCI)
- Sénat et Assemblée nationale

87 députés européens français sur 626

Autres institutions européennes

- Cour de justice
- Cour des Comptes
- Banque centrale européenne

* lois européennes: règlements et directives

Voici le message que Jacques Chirac, Président de la République,
a adressé aux Français pour souligner les avantages de la nouvelle monnaie
unique européenne lors de son lancement le 1ᵉʳ janvier 1999.

BIENVENUE A L'EURO

L'Euro, c'est d'abord votre succès.

Avec l'Euro nous écrivons une nouvelle page de l'histoire de notre continent. On ne s'en rendra pas compte du jour au lendemain mais l'Euro va changer l'Europe et d'abord les mentalités.

L'Europe est déjà une longue histoire. Elle est encore un long chemin. Mais, de plus en plus, elle est notre quotidien. Elle est un élément essentiel de notre prospérité, de notre croissance et de nos emplois. Avec l'Euro, les Européens vont se sentir plus proches les uns des autres, et plus forts aussi.

Plus forts, car l'Euro va définitivement unifier le grand marché européen, qui est déjà le plus vaste et le plus ouvert du monde.

Plus forts, pour saisir la chance de la mondialisation. L'Euro, monnaie de la première puissance économique et commerciale de la planète, sera l'une des grandes monnaies internationales, avec notamment le Dollar et le Yen.

Nous allons devoir apprendre à nous servir de l'Euro. C'est pourquoi son installation sera progressive. Les pièces et les billets en Euro ne seront introduits que le 1er janvier 2002, ce qui permettra à tous de se familiariser peu à peu avec notre nouvelle monnaie.

L'Euro est une chance pour nous Français. Il nous apportera plus de choix dans nos achats, des prix plus bas, de nouveaux marchés, de nouvelles possibilités d'investissement et donc d'emplois.

Mais, pour que nous puissions tirer tout le profit de l'Euro, il nous faut défaire les nœuds qui nous empêchent d'avancer.

Libérons nos capacités d'innovation, valorisons ceux qui créent, tirons le meilleur parti des nouvelles technologies, baissons nos impôts et nos charges au niveau de nos voisins, consolidons notre cohésion sociale, voilà comment je souhaite construire notre avenir dans l'Euro. C'est une belle ambition, j'espère que vous la partagerez avec moi.

J'ai confiance en vous. Nous sommes capables de réussir. C'est ensemble que nous allons changer d'époque.

Jacques Chirac
©www.elysee.fr, 2000

3a Lisez le message du Président de la République et choisissez parmi les avantages suivants de l'euro ceux qui sont mentionnés dans le texte.

1 wealth
2 growth
3 employment
4 trade opportunities
5 world financial markets
6 lower prices
7 new technologies
8 lower taxes

3b Pour chaque aspect mentionné dans l'activité 3a, notez les phrases utilisées dans le texte en français.

4 Avec un(e) partenaire, étudiez le style du message. Comment le langage est-il différent du français de tous les jours? Comment M. Chirac essaie-t-il de persuader ses auditeurs des avantages de l'euro pour eux personnellement et pour la France?

5 Imaginez que c'est le 1ᵉʳ janvier 1999 et que vous travaillez comme reporter pour un journal anglais en France. Ecrivez un reportage de 150 mots environ en anglais sur le message du Président de la République au sujet de l'euro.

6 Ecoutez les conclusions du sondage annuel, du site web *www.elysee.fr*, sur l'euro en décembre 2000, un an après son introduction, et complétez les phrases suivantes.

1 En décembre 2000, 52% des sondés …
2 En mai 1999, la majorité des sondés …
3 En France, aux Pays-Bas et en Italie …
4 Les Allemands …
5 Les Britanniques …
6 Les Européens sont peut-être pessimistes en ce qui concerne l'euro parce que …

En plus Lisez l'article *Europe loses faith in the euro* (Feuille 22) et préparez-vous à en discuter en français avec votre professeur.

7 Un ami vous demande de lui expliquer le rôle de l'Union européenne. Préparez une explication orale en parlant des institutions principales, des avantages pour les pays membres et de l'introduction de la monnaie unique.

Les débats actuels

Qu'est-ce qui se passe à un sommet européen?
De quelles questions discute-t-on? Comment réagit le grand public?

1a A votre avis, quels sont les problèmes les plus urgents pour les chefs d'Etats européens? L'environnement? La santé? Les transports? Discutez avec un(e) partenaire d'abord, ensuite avec la classe, et faites une liste.

1b Pour chaque problème, décidez s'il est avantageux d'avoir une politique européenne pour le résoudre. Est-il souhaitable que les pays européens travaillent ensemble? Expliquez vos raisons.

L'Europe sociale sur la Promenade

Plus de 50 000 manifestants venus de partout ont envahi Nice.

Il est planté sous la pluie fine, la goutte au nez mais le sourire radieux. Emile, retraité des arsenaux de Toulon, en reste pantois: «Une manif comme ça, faut remonter à 1968 pour en retrouver une!» Combien étaient-ils hier à battre le pavé pour une Europe sociale, une «réelle» charte des droits fondamentaux? 50 000 selon la police, 100 000 pour la Confédération européenne des syndicats? Qu'importe. Pour ceux qui ont piétiné cinq heures, l'«euromanif» est un succès. Et d'abord une fiesta fédératrice. Un «joyeux bordel!», hurle un Portugais. Dans la hotte du cortège, on pouvait ainsi trouver un Père Noël néerlandais, des gueules noires anglaises, des Bella ciao italiens. Ou ce militant: «Le chat européen est gras. Il doit arrêter de prendre ses

citoyens pour des souris et jouer avec elles.»

Que dit Josep, venu de Barcelone? «J'étais à Luxembourg en 1998, à Porto en juin. L'Europe sociale n'avance pas. S'il n'y avait pas de manifs, ce serait pire.» Derrière lui, les Italiens s'estiment 5 000. Ils disent leur vision de l'Europe: droit à la retraite, à un revenu minimum, à la santé, au logement, à l'éducation. Alberto explique: «Le futur syndical n'est pas national. Il faut hâter l'intégration européenne.»

Dans le ciel, seuls les hélicoptères viennent troubler la marche. David préfère en sourire. Il a 24 ans, vient de Strasbourg. Seul. Etudiant, il n'avait jamais milité ni manifesté. «C'est plus grand que ce que j'osais imaginer. Tous ces syndicats, ces associations, ensemble, non pas contre, mais pour. Pour une autre Europe.»

Il fait de la politique. Comme Gérard, entrepreneur niçois, qui désire aussi «une Europe avec un réel contrôle citoyen, une idée qui ne soit pas uniquement basée sur le libre-échange». Plus loin, un paysan ajoute: «L'Europe politique est en retard sur l'Europe citoyenne, regardez la gestion de la vache folle …» Georges, électricien, 19 ans, est venu «pour un salaire minimum pour les moins de 25 ans. C'est mon combat. Je l'ai dit à Cardiff, à Amsterdam, à Cologne».

On débat, partout: sous un Abribus, dans l'un des rares cafés qui n'a pas tiré les rideaux. On jure, comme ce Danois, que l'Europe actuelle laisse ses droits sociaux se désagréger. On rêve, comme ces deux Espagnols, de se donner rendez-vous à Porto Alegre, au Brésil, en janvier. Un Français veut «voir les fruits de la croissance. Ça fait vingt ans qu'on nous parle de crise. Maintenant, l'Europe nous dit que demain sera plus beau, qu'il faut faire des sacrifices».

Tous parlent d'un contre-pouvoir qui «ne désarmera plus». A 20 heures, un millier de manifestants convergent vers la gare. Au nom de la «liberté de circuler», ils prennent à partie les CRS, rapidement débordés. A 20 h 30, des renforts de police dispersent la foule avec des lacrymogènes. Bilan: quelques blessés légers. Aujourd'hui, dès 7 heures, les anti remettent le couvert. 6 000 d'entre eux comptent encercler le sommet. Et faire entendre «une autre voix». Une autre voie?

2a Survolez le reportage à la page 84 qui parle d'une manifestation au sommet de Nice. Faites une liste de tous les pays d'où viennent les manifestants.

2b Lisez l'article et corrigez l'élément qui est faux dans chacune des phrases suivantes.

1 Les manifestants s'intéressent surtout aux questions financières.
2 L'atmosphère est grave.
3 Alberto pense que les syndicats des différents pays européens n'ont rien en commun.
4 Selon Gérard, le Parlement européen ne s'intéresse pas au commerce.
5 Les manifestants ne discutent de questions politiques qu'en réunion.
6 Il n'y a pas eu de violence à la manifestation.

2c Relisez le texte et faites une liste des revendications des manifestants. Ecrivez deux ou trois phrases pour résumer ce qu'ils désirent.

2d Qu'est-ce qu'ils reprochent aux politiciens européens? Résumez leur critiques en deux ou trois phrases.

2e 🧑‍🤝‍🧑 Discutez avec un(e) partenaire. Pensez-vous que les manifestants aient raison?

3a 📼 Ecoutez la première partie d'un reportage du sommet de Nice. Expliquez ce qu'ont décidé les chefs d'Etat et de gouvernement sur les thèmes suivants:

◆ la rénovation des institutions
◆ l'alimentation
◆ l'agenda social
◆ la défense européenne

3b 📼 Ecoutez la deuxième partie du reportage. Selon le porte-parole, comment étaient les discussions du dîner du jeudi soir?

4 🧑‍🤝‍🧑 Avec un(e) partenaire, préparez et enregistrez une interview pour Radio-Nice. Une personne est manifestant(e), l'autre est reporter. Vous pouvez commencer en posant les questions suivantes:

◆ D'où venez-vous?
◆ Pourquoi n'êtes-vous pas satisfait(e) de l'Union européenne?
◆ Que pensez-vous des thèmes qu'on débat au sommet?
◆ Quelles sont les questions que vous considérez les plus importantes pour vous?
◆ Avez-vous discuté avec les autres manifestants?

5 Ecrivez une lettre à *Libération*. Décrivez votre réaction à l'article *L'Europe sociale sur la Promenade* et exprimez votre opinion du sommet en général, en vous référant à vos réponses aux activités 3a et 3b.

En plus Ecrivez 250 mots sur un des sujets suivants:

a A votre avis, comment faut-il changer l'Europe à l'avenir? Comment voyez-vous l'évolution de l'Union européenne?
b L'euro – le rêve et la réalité

Zoom examen

The activities on this spread will help you to:

● translate more accurately and precisely from English into French
● avoid common pitfalls of translation

Compétences

Translating into French

● Translating English sentences into French using a French text on the same topic is like being given a glossary of all the specialist terms you will need.

● Remember that you cannot simply copy whole sentences from the text.

● You need to show that you can manipulate the language and construct accurate French sentences.

Read the following article and work through the step-by-step translation activities which follow it.

La culture européenne en danger

L'Europe **vit** actuellement **une période de mondialisation**, qui tend à uniformiser les idées et les modes de vie, cette uniformisation se faisant surtout sous l'influence du modèle américain. Tous ceux qui sont attachés à leur histoire, à leurs traditions ou à leur langue éprouvent angoisse et colère devant la menace qui pèse sur ce à quoi ils sont attachés au plus profond d'eux-mêmes. La France **s'inquiète devant le risque d'envahissement de son territoire par ces "produits" américains**, non seulement pour des raisons économiques, mais pour des raisons culturelles et identitaires, le danger étant de voir progressivement les habitants de l'Europe **adopter les manières de penser et de vivre des Américains**.

1 Use the phrases in bold to translate the following sentences into French. You will need to change the verb form each time, as well as some other words in the sentence.

a We are all living through a time of globalization.
b Many Europeans are concerned about the risk of their countries being submerged by American culture.
c Europeans are adopting American attitudes and ways of life.

2 You will often need to change the tense of the verb. In each of the following sentences, identify the tense required, then translate the sentence into French.

a In the next ten years, Europe will live through a time of globalization.
b In the 1980s, Europeans were not concerned about the risk of their countries being submerged by American culture.
c It is clear that many Europeans have adopted American attitudes and ways of life.

3 Take care over singular and plural forms of nouns and adjectives, and check the agreements in your French sentences. Translate the following phrases into French.

a the American way of life
b European ideas
c a European tradition
d a cultural reason
e the American way of thinking

4 Be aware of active and passive forms of verbs. Translate the following passive sentences into French.

a European ideas have already been standardized.
b France has been invaded by American products.
c American ways of life will be adopted by many Europeans.

5 You may need to use different verb constructions to give a precise translation. Translate the following sentences into French using the correct tense of the appropriate verb from the box for each.

a Globalization could threaten European culture in the future.
b Everyone knows that we will have to defend our European identity.
c Nobody wants to live in a uniform society dominated by American influences.

| pouvoir | vouloir | savoir | devoir |

Compétences

Pitfalls of translation

- Small words such as prepositions and adverbs are often the most difficult to translate correctly. Study the following examples of common problems.

about	about 20 kilometres ***environ** vingt kilomètres* about half ***à peu près** la moitié* at about one o'clock in the morning ***vers** une heure du matin*
to think about	Politicians are thinking about the future. (thought processes) *Les hommes politiques pensent **à** l'avenir.* What do you think about the euro? (opinion) *Que pensez-vous **de** l'euro?*
before	before the civil war ***avant** la guerre civile* before speaking ***avant** de parler* before he arrives ***avant** qu'il arrive (subj)*
for	in expressions of time European leaders were in Nice for three days. (completed action) *Les dirigeants européens ont été à Nice **pendant** trois jours.* He has been in Brussels for two weeks. (ongoing) *Il est à Bruxelles **depuis** deux semaines.* I am in Frankfurt for a month. (proposed duration) *Je suis à Francfort **pour** un mois.*
just	to have just done something: ***venir de*** The Swedish prime minister has just arrived.

*Le premier ministre suédois **vient** d'arriver.*

The demonstrators had just left.
*Les manifestants **venaient de** partir.*

until	We will demonstrate until the end of the summit. *On manifestera **jusqu'à** la fin du sommet.* We will demonstrate until the politicians listen to us. *On manifestera **jusqu'à ce que** les politiciens nous écoutent. (subjunctive)*

6 Translate the following sentences into French.

a About a thousand demonstrators gathered in Nice before the summit.

b They stayed in the town for five days.

c Before the French president arrived they spoke to reporters.

d At about seven o'clock in the evening they became impatient.

e The European leaders had just left their hotel when the main demonstration began.

f The police waited an hour or so before taking action.

g Most of the demonstrators intended to stay until the end of the summit.

h They had been waiting for this moment for several months.

i Their leaders were already thinking about the next European summit in Sweden.

j Demonstrations will continue until the politicians adopt new policies.

- Remember that some verbs in French are followed by *à* and an infinitive, some by *de* and an infinitive, and some just by an infinitive. See page 126 for a full list.

En plus The activities on Feuille 23 will help you to translate more effectively.

Au choix

1a **S⊡** Ecoutez le reportage du *Monde* sur le changement climatique en Europe et complétez les phrases suivantes en français.

1 L'étude sur le changement climatique a été préparée par …
2 Dans le nord-est de l'Europe, les chercheurs prévoient …
3 Dans les pays du Sud, il y aura …
4 Il y aura plus d'incendies dans …

1b **S⊡** Réécoutez et résumez la deuxième partie du reportage en français en répondant à ces points. Essayez d'expliquer:

♦ les impacts des changements sur le plan économique
♦ les impacts sur la santé

En plus Lisez l'article *L'Europe au secours de la presse censurée* (Feuille 24) et répondez aux questions en français.

2 Lisez l'article *Europe – French style* et préparez des réponses orales aux questions suivantes.

♦ De quoi s'agit-il dans ce texte?
♦ Quelle question domine l'agenda officiel du sommet de Nice?
♦ Pourquoi la France est-elle en faveur d'une politique européenne de défense?
♦ Etes-vous d'accord avec l'analyse française du rôle des Etats-Unis dans le monde?
♦ A votre avis, dans quels domaines les pays de l'Union européenne devraient-ils travailler ensemble?

3 Comment envisagez-vous le rôle de l'Europe dans le monde de l'avenir? Vous pouvez étudier la vie quotidienne des Européens, les rapports entre les pays de l'Union européenne, les projets européens et les rapports avec les autres pays du monde. Ecrivez 250 mots environ.

4 **S⊡** Ecoutez et répétez les phrases suivantes.

a L'Union européenne veut être indépendante des Etats-Unis.
b Les ministres de l'Agriculture se réunissent régulièrement à Bruxelles.
c Beaucoup d'Européens ont peur de l'euro, la nouvelle monnaie unique.
d Les chefs d'Etat et de gouvernement européens ont approuvé la construction d'une force de réaction rapide.
e Les états membres de l'Union européenne entreprennent beaucoup de projets communs.

Europe – French style

Its official agenda may be dominated by issues of institutional reform, but the Nice summit is ultimately about leadership – the leadership of Europe and the leadership of the world. Europe's fundamental problem is still this: the question of the kind of power that Europe should ideally enjoy is not settled in the minds of Europeans, whether ordinary citizens, ministers in governments, or commissioners in Brussels.

France remains committed to the idea that Europe must become in some ways like a strong state and that it should be able, for both practical and symbolic reasons, to project its own military power effectively. For the French, the world's main problem is a lack of balance, arising especially from an over-mighty United States, and our aim must be a multipolar world, with a strengthened Europe as one of the poles. This is why in recent months France has come out strongly in favour of the proposed European rapid reaction force and fought to give it greater autonomy.

Other member states are unconvinced, pointing out that a Euro-army could only function with Nato help. If the European Union did become a military power, its policies would be under constant scrutiny from the whole world. Such differences of interest and philosophy make European leadership profoundly difficult to exercise, both now and in the future.

Nous, les citoyens du monde

9

Après cette unité, vous saurez aborder les thèmes suivants:

- les plus grands problèmes auxquels font face les êtres humains
- comment la guerre touche les peuples du monde
- les avantages et les inconvénients de la mondialisation
- exemples contemporains des abus des droits de l'Homme

Vous saurez mieux:

- reconnaître l'imparfait du subjonctif
- participer à la section conversation générale de l'examen oral

la guerre

le sida

la destruction de l'environnement

l'abus des droits de l'Homme

la famine

les dettes des pays pauvres

la surpopulation

armes nucléaires

la mondialisation

la technologie

1a Choisissez un des thèmes ci-dessus et préparez-vous à en parler pendant une minute devant la classe.

Exemple: Le plus grand danger pour la race humaine c'est … parce que …

1b A la fin de tous les discours, votez! Quel est le danger le plus pressant pour les êtres humains?

1c Quels autres problèmes pourrait-on ajouter à la liste?

89

La race humaine; ça va?

Quels sont les plus grands dangers pour la population mondiale?
Les problèmes – et les solutions – sont-ils différents selon les pays?

L'espérance de vie à la naissance

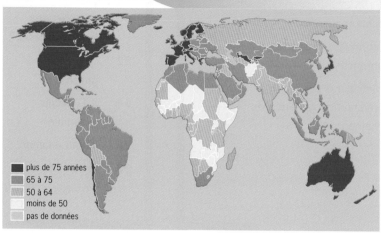

plus de 75 années
65 à 75
50 à 64
moins de 50
pas de données

1a 👥 Discutez les statistiques sur l'espérance de vie à travers le monde. Pourquoi est-elle si variable?

1b 👥 Discutez en groupe: Que faudrait-il faire pour améliorer la situation dans les pays où l'espérance de vie est basse?

2a Ecrivez une définition en anglais pour chaque terme.

la surpopulation – l'accroissement – les pays en voie de développement – la survie –- le taux de natalité – une entraide internationale – le pillage des ressources – les pays à forte natalité – une prise de conscience

2b 📼 Ecoutez le texte *La démographie galopante* et écrivez un résumé, tenant compte des notes suivantes:

Les faits: 5 milliards / 2030 / 90%
Les causes: les taux de natalité augmentent quand ... /
les causes de la forte mortalité infantile
Les solutions: les pays riches doivent ... et arrêter de ... /
favoriser l'accès des femmes à ... et aux ...
Exemples: la Chine / les pays islamiques et catholiques

3 👥 Voici une liste de solutions à la crise démographique. Discutez-en et choisissez celles que vous jugez acceptables dans une société humanitaire. Puis justifiez vos idées devant la classe.

a Faciliter l'accès des femmes à l'éducation et à l'emploi, leur permettant ainsi d'autres choix que ceux de la grossesse.

b Etablir des services d'information sur les méthodes de contraception en les rendant disponibles à tous.

c Améliorer les technologies de l'agriculture dans le Tiers-Monde.

e Donner des allocations aux personnes qui utilisent la contraception.

d Améliorer les conditions sanitaires pour que les enfants survivent jusqu'à l'âge adulte et que les parents puissent gérer plus précisément la taille de leur famille.

f Mettre en place des programmes de stérilisation volontaire.

g Encourager les couples à se marier plus tard.

h Favoriser l'avortement.

i Suivre l'exemple de la Chine en établissant des lois qui ne permettent pas à une famille d'avoir plus d'un enfant.

j Supprimer les allocations familiales.

4a *Zoom langue: le subjonctif.* Relisez la phrase *d* d'activité 3. Quels sont les deux verbes au subjonctif? Expliquez pourquoi.

4b Dressez une liste d'autres expressions suivies du subjonctif. Voir page 133.

4c 👥 En vous basant sur l'activité 3, écrivez cinq autres phrases au subjonctif. Comparez vos idées avec celles d'une partenaire.

Ethiopie: le retour de la famine

Pauvre Ethiopie! La voici à nouveau sous la menace d'un désastre provoqué par une terrible famine. Ce pays et une partie de la Corne D'Afrique sont touchés depuis plus de trois ans par une grave sécheresse. L'Organisation des Nations Unies (ONU) vient de lancer un avertissement: 12,4 millions de personnes ont besoin d'une aide alimentaire urgente.

La situation est particulièrement dramatique en Ethiopie, où 8 millions de personnes sont directement menacées, mais aussi dans certaines régions en Erythrée, en Somali, au nord du Kenya. Les plus exposés sont les enfants en bas âge, plus d'un million selon l'Unicef (fonds des Nations unies pour l'enfance). Dans l'Ogadon (est de l'Ethiopie) les puits sont presque tous taris, les citernes de récupération des eaux de pluie restent désespérément vides. Faute d'eau, les cultures sont en partie détruites, le bétail est décimé; dans certains villages, les éleveurs ont perdu depuis août dernier les trois quarts de leurs troupeaux.

Pourtant plusieurs régions recèlent d'importantes réserves d'eau souterraine, mais celles-ci sont mal exploitées. Les pompes hydrauliques qui peuvent puiser l'eau à 500 mètres sous terre sont encore rares, car ces équipements munis de panneaux solaires coûtent cher et les investissements ont été insuffisants.

A l'appel du gouvernement éthiopien, l'aide internationale commence à se mobiliser. Pour éviter la famine, les régions touchées auront besoin dans les prochaines semaines d'un million de tonnes de produits alimentaires selon les estimations des Nations unies. L'Europe et les Etats-Unis ont déjà promis d'en envoyer 800 000 tonnes.

Les organisations humanitaires, déjà sur le terrain, comme Action contre la faim, Médecins sans Frontières, Croix-Rouge internationale, devraient renforcer leur présence sur place. '*Le problème*', dit Philippe Picattier, d'Action contre la faim, *n'est pas tant de réunir l'aide alimentaire, c'est de l'acheminer ensuite à travers le pays, de la distribuer aux populations. Les conflits locaux, les rivalités éthniques, les pillages de convois humanitaires compliquent sérieusement notre tâche.*'

5a Lisez le texte *Ethiopie: le retour de la famine* et repérez l'expression qui correspond à chaque définition.

1 un appel à l'attention
2 ceux qui sont grièvement menacés
3 parce qu'il leur manque de l'eau
4 animaux entretenus pour la production agricole
5 ont toujours
6 un manque de capitaux

5b Répondez aux questions.

1 Quelle est la cause principale de la famine en Ethiopie?
2 Nommez trois autres pays ou régions qui sont grièvement touchés.
3 Quels sont les effets de la sécheresse dans l'Ogadon?
4 Pourquoi est-ce qu'on n'a pas pu exploiter toute l'eau qui reste?
5 D'où viendra l'aide alimentaire dont les Ethiopiens ont besoin?
6 Nommez trois organisations humanitaires qui participent à cette action.
7 Qu'est-ce qui est encore plus difficile que de réunir l'aide alimentaire? Pourquoi?

5c Traduisez les deux derniers paragraphes en anglais.

6 Quels sont les dangers les plus pressants pour la race humaine? Quelles sont les solutions possibles? Résumez vos idées sur cette question pertinente en 200 mots, faisant mention d'au moins trois dangers.

Toujours la guerre?

Des conflits armés, il y en a toujours eu. Qu'il s'agisse de deux nations en combat, d'une guerre civile ou du terrorisme, les retombées sur la population civile ne peuvent pas être sous-estimées.

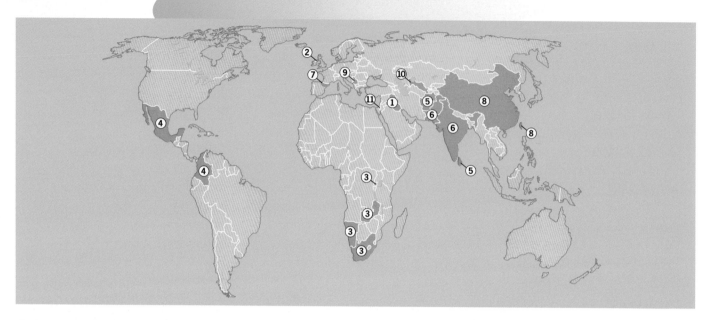

1 La carte indique les endroits du monde où il y avait un conflit armé au début de l'an 2000. Reliez les pays/régions 1–11 aux descriptions a–k.

a Trafics transfrontaliers menés par les guérillas en **Amérique du Sud** (Colombie et Mexique).

b Plus de la moitié des conflits armés dans le monde se regroupaient en **Afrique** où il y a eu une très forte augmentation des dépenses militaires et du commerce des armes. Conflits surtout en Afrique du Sud, en Namibie, en Zambie et au Rwanda.

c Tension avec la Russie après l'opération menée par l'OTAN contre la **Yougoslavie**.

d Tension et terrorisme également en **Israël** où les palestiniens s'opposaient aux juifs.

e Question des armes de destruction massive en **Irak**.

f Escalade entre **l'Inde et le Pakistan**, opposés depuis 20 ans sur le Cachemire.

g Guerres civiles interminables en **Afghanistan** et au **Sri Lanka**.

h Série d'attentats à la bombe en **Ouzbékistan** imputés aux islamistes.

i Tension entre **la Chine et le Taiwan**.

j Terrorisme en **Irlande du Nord**.

k Actions terroristes des indépendantistes **basques**.

2a Lisez le texte à la page 93 et dites dans quel ordre les points suivants sont mentionnés.

a le rôle d'Abed dans la guerre entre les palestiniens et les juifs

b la mort d'un petit palestinien

c les conditions de vie d'Abed et de sa famille

d l'opinion du fils d'Abed concernant les risques qu'il prend

e une différence d'opinion entre Abed et un membre de sa famille

f le sort de sa famille il y a plus de cinquante ans

g la participation de son fils à la guerre

2b Relisez le texte et complétez les phrases.

1 Les parents d'Abed ont dû quitter leur ferme à Lod parce que …

2 A 22 ans Abed est revenu de Gaza et a …

3 Il a été quatre fois …

4 Ses cinq frères et son beau-frère ont tous …

5 Il y a eu une dispute entre Abed et son beau-frère parce que …

6 Son plus grand souci est son fils, Abdallah, parce que …

7 L'ami d'Abdallah …

8 Abdallah ne va plus à l'école, mais préfère …

9 Même à 11 ans il se dit prêt à …

Un mal incurable?

Jacques-Marie Bourget, envoyé spécial de Paris Match, a passé une journée dans la famille palestinienne d'Abed Mourbaka. Voici un extrait de son reportage.

La maison d'Abed est un empilement de parpaings, sans fenêtre, et le plancher n'est que le sable de la dune. Abed vit ici avec sa femme et dix enfants dans une misère absolue.

'Mes parents étaient agriculteurs à Lod. En 1948, les juifs ont brûlé la ferme et nous sommes partis pour Gaza, au camp de Boreig sous les toiles de tente. Moi, je suis né en 1966 et, à 16 ans, je suis parti travailler en Israël pour en revenir à 22 ans afin de me battre dans les rangs du Fatah. J'ai été pris trois fois et fait de la prison. La quatrième fois, j'ai réussi à m'échapper et j'ai été condamné par contumance à 25 ans. J'ai participé à des opérations très très dangereuses. Mes cinq frères, eux, étaient membres du Hamas. Ils ont tous été emprisonnés en Israël, deux d'entre eux ont reçu une sentence à perpétuité. J'ai aussi un beau-frère qui a perdu une main en manipulant une bombe. Lui, il répète; 'Je n'ai rien contre les juifs, mais ils ont subtilement changé le sens de la Thora et s'appuient sur elle pour nous éliminer'. Pour moi, ces histoires de religion sont ridicules. Ce qui compte, c'est la terre, l'exil, les réfugiés, la dignité.'

Dans sa vie qui n'est pas une existence, Abed, depuis cette nouvelle Intifada d'octobre, se découvre un nouveau souci: Abdallah, son quatrième fils de 11 ans. Abdallah était un ami de classe de Mohamad, 12 ans, assassiné dans les bras de son père devant les téléspectateurs du monde entier. Abdallah n'a rien dit quand son ami est mort. Il s'est seulement mis à passer par les bois pour aller en classe afin d'éviter le carrefour de la mort. Puis il a fait l'école buissonnière à n'en plus finir pour rejoindre l'immense armée des lanceurs de pierres.

Abdallah a une bonne tête de bon gosse vigoureux dont le vrai langage est son sourire de lumière. Les imprécations familiales, celles des instituteurs n'y font rien. Abdallah est entré en Intifada. Un mal incurable.

La semaine dernière, un jour de bagarre à Erez, au nord de Gaza, je l'ai croisé avec sa fronde, son foulard, à l'attaque du poste frontière israélien. Avec son ami Ahmed, 12 ans. 'Imagines-tu la peur de ta mère de te savoir ici sous les balles?' 'Ma mère sait parfaitement que je vais mourir pour la Palestine et la mort me sera légère.'

3 Imaginez une conversation entre deux des personnes dont on parle dans le texte. Quelques possibilités sont:

- l'envoyé spécial de Paris Match et Abed
- l'envoyé spécial et Abdallah
- Abed et sa femme / son fils

4a Ecoutez le témoignage du père de Layla, Mohamad Haq Hassan, et dites si les phrases sont vraies ou fausses. Corrigez les phrases fausses.

1 Le jour de sa mort, le père de Layla a dû l'amener au médecin.
2 Ses parents l'ont conduite à Naplouse.
3 A Naplouse tout était tout à fait normal.
4 C'était difficile de trouver un médecin, mais ils ont enfin réussi.
5 Ils sont repartis à une heure dangereuse.
6 Ils ont vu une voiture accidentée au bord de la route.
7 Ils se sont arrêtés.
8 On leur a tiré dessus.

4b Choisissez une expression dans l'encadré pour finir chaque phrase.

1 La révolte … un peu partout en Palestine.
2 Naplouse était quasiment …
3 Un couvre-feu …
4 Mohamad a entendu …
5 Sa cousine était …
6 Il croyait que sa fille était …
7 Mais il a trouvé son petit corps …
8 Une balle avait arraché le haut de …

saine et sauve – régnait – coincé entre les sièges – des rafales courtes mais nombreuses – sa boîte crânienne – au bord de l'insurrection – grondait – touchée

5 Connaissez-vous 'Amnesty International' et leur slogan 'Ecrire contre l'oubli'? Ecrivez une lettre à cette organisation afin de plaider pour les victimes civiles de la guerre à travers le monde.

En plus Ecoutez le reportage sur l'aide humanitaire aux réfugiés kosovars (Feuille 25) et faites les activités.

A l'échelle mondiale

Qu'est-ce que c'est que la mondialisation? Et quels en sont les avantages et les inconvénients?

1a Lisez le texte et choisissez dans l'encadré la nationalité de chaque produit souligné.

> **La journée d'un ado 'mondialisé'**
> Comme chaque matin, Julien, 15 ans, se tire à grand-peine de <u>son lit Ikea</u>. Dans la salle de bains, son père a laissé <u>la radio Sony</u> allumée. Il écoute les informations. Puis il s'habille en vitesse. Plutôt adepte d'un style 'cool', il enfile <u>un vieux jean Gap</u>, <u>un sweat Adidas</u> et <u>des Nike</u>. Il boucle <u>sa montre Star Wars</u>. Son petit déjeuner avalé, il salue ses parents et file au lycée sur <u>son scooter Piaggio</u>. Zut, il a oublié <u>son baladeur Philips</u>.

américaine – italien – néerlandais – suédois – américains/fabriqués en Asie – japonaise – américain – franco-allemand

1b Faites une liste des produits étrangers que vous utilisez. En connaissez-vous le pays d'origine?

1c Travaillez en groupe et comparez vos listes. Que pensez-vous du phénomène de la mondialisation, qui vous permet d'acheter toute une gamme de produits étrangers? Dressez une liste des avantages. Y a-t-il des inconvénients?

2a Survolez le texte *Les marques planétaires*, page 95, et écrivez un sous-titre pour chaque paragraphe, sans répéter le vocabulaire du texte. Puis écrivez les quatres titres, tous mélangés, sur du papier de brouillon. Est-ce que votre partenaire peut les remettre dans le bon ordre?

2b Traduisez les phrases suivantes en français en vous référant aux mots et expressions en gras dans le texte.

1 A global company is one which has conquered the world and sells its products everywhere.
2 Globalization means less variety; the same products are sold worldwide, thanks to heavy advertising and low prices.
3 The key thing is to produce the goods on a huge scale.
4 Microsoft, one of the world's highest performing companies, has worked its way into all four corners of the globe.
5 Not to be outdone by the Americans, European companies like British Airways, Danone and Philips have also used global strategies to sell their goods and services all over the planet.

Les marques planétaires

Ce que l'on appelle la mondialisation est le produit de nombreuses sociétés **à l'échelle mondiale**. A un moment donné, **une entreprise** qui vend jusque-là ses produits dans son propre pays décide de vendre ces produits à l'étranger. Avec le temps, si elle se montre **performante**, l'entreprise peut **conquérir** des marchés **dans le monde entier**.

Pour ne pas avoir à s'adapter à chacun des pays où elle vend, l'entreprise peut avoir intérêt à proposer un même type de **produits** avec quelques variations. Elle utilise alors **la publicité** pour les faire connaître. Il lui faut également fabriquer ses **marchandises** à un prix raisonnable. Elle pourra ainsi les vendre en grande quantité.

Les entreprises américaines ont de l'avance dans ce domaine. Microsoft (programmes informatiques) est ainsi parvenue à **se faufiler** dans près de 90% des ordinateurs de la planète, McDonalds compte des restaurants (identiques et proposant partout des hamburgers) dans plus de cent pays, les studios de Hollywood proposent les mêmes films de Paris à New York en passant par Shanghai ou Le Cap.

Certaines entreprises européennes ne sont pas **en reste**; du britannique British Airways (première compagnie aérienne mondiale) au français Danone (qui vend des yaourts ou de l'eau à l'échelle internationale) du néerlandais Philips au français Club Méditerranée, dont les clubs de vacances couvrent la planète; du suédois H&M (vêtements) au japonais Sony Music dont les artistes (Céline Dion, Oasis, Jamiroquai) doivent avoir **une stratégie globale**. Acceptons-le: aujourd'hui presque tous les pays de la planète dépendent les uns des autres pour l'achat et la vente de produits dont chacun a besoin.

3a 🔊 Ecoutez les deux personnes qui parlent de la mondialisation et décidez qui est pour et qui est contre.

3b Résumez en anglais les raisons données pour chaque point de vue.

3c Reliez les phrases afin de recréer les expressions-clés du texte, puis traduisez-les en anglais.

1 les échanges …
2 vieux comme …
3 la fréquence des …
4 la baisse …
5 la bonne application des …
6 faire entendre …
7 en faveur du …
8 les entreprises de …
9 profiter à l'ensemble de …
10 imposer leur mode de vie au …
11 faire disparaître les …
12 basé exclusivement sur …
13 la diversité …
14 les marchés …

a identités locales
b échanges
c taille mondiale
d leur voix
e financiers
f commerciaux
g respect des femmes
h reste du monde
i culturelle
j accords conclus
k l'argent et le profit
l le monde
m des coûts
n la planète

3d 👥 Discutez de la mondialisation. Un(e) partenaire pose des questions, commençant par les suivantes, et l'autre lui répond avec autant de détails que possible. Puis, changez de rôles.

◆ Croyez-vous qu'une entreprise comme McDonalds impose un certain mode de vie au reste du monde?
◆ Est-ce que c'est vrai que la mondialisation mène à une baisse des prix?
◆ Est-ce que la mondialisation endommage les industries locales?
◆ Etes-vous un 'consommateur mondial'? Pourquoi (pas)?
◆ Aimeriez-vous travailler pour une entreprise globale? Pourquoi (pas)?

4 Ecrivez au rédacteur du journal qui a publié *Les marques planétaires* pour exprimer votre opinion à ce sujet.

Zoom examen

The activities on this spread will help you to:
- recognise the imperfect subjunctive
- prepare for the general conversation element of the oral examination
- discuss the causes and possible solutions of present-day slavery

1   Travaillez à plusieurs et faites une liste de crimes contre les droits de l'homme. Est-ce que vous pouvez citer des exemples spécifiques?

2   Lisez le texte et faites une liste de tous les actes mentionnés qui s'opposent aux droits de l'homme.

La démocratie pour tous les citoyens du globe?

A l'aube du vingt-et-unième siècle, on constate que les droits de l'homme sont loin d'être respectés, particulièrement en matière de justice. Le Rapport annuel 2000 en recense les atteintes à travers le monde.

  Nous avons généralement ample connaissance des actualités en ce qui concerne les prises d'otages et autres homicides commis par des groupes armés d'opposition. Il est, cependant, plus rare de trouver dans les médias des documentaires sur les services perpétrés par les agents des autorités publiques. Ainsi, les forces de sécurité pratiquent impunément la torture dans 132 états. Les individus sont incarcérés dans des conditions dégradantes. Ceux qui ne supportent pas les mauvais traitements subis périssent, privés de soins médicaux. Nous doutions que la peine de mort _fût_ abolie au niveau international. Toutefois, nous ne pensions pas qu'on _pût_ encore trouver des exécutions et des condamnnations dans respectivement 34 et 55 pays. D'autre part, il s'avère qu'en 1999, des exécutions extra-judiciaires ont eu lieu dans 37 nations.

  En cette ère de communications, nous ne devrions pas oublier combien la démocratie est précieuse et le rappeler aux citoyens du globe. Encore faudrait-il qu'une telle idée _vînt_ à l'esprit des responsables de progammes télévisés.

3   Traduisez les phrases suivantes en français, en vous référant au texte et en tenant compte des points grammaticaux mentionnés entre parenthèses.

(agreement)
a Prisoners in many countries lead a degrading life.
b In certain countries terrifying executions take place even today.

(perfect/imperfect)
c When they were travelling through Africa, they saw some horrifying things.
d Every day people perished because of the inhuman conditions.

(conditional)
e We should respect all the earth's citizens.
f Would it be possible to improve conditions in the poorest countries?

(passive)
g There are 132 states where torture was practised last year.
h Why has the death penalty not yet been abolished?

(subjunctive)
i Everybody ought to understand human rights. (Il faut que …)
j So much needs to be done before we can change conditions in some countries. (avant que …)

Grammaire   ⇨ p.134 ⇨ W p.83

The imperfect subjunctive

There are three examples of the imperfect subjunctive underlined in the text. Look at the first of these. After the **imperfect** tense of _douter_ it is good style to use the imperfect, rather than the present subjunctive. _Fût_ is the imperfect subjunctive of _être_ and may not be immediately recognisable. But most imperfect subjunctives are easier to spot than that.

A Decide which verb the other two examples of the imperfect subjunctive in the text come from.

B Explain why the subjunctive is needed in each case, and why it was better to use the imperfect subjunctive than the present.

C Translate the sentences into English.

En plus The activities on Feuille 26 will give you further practice of the subjunctive.

4 Qu'est-ce que c'est qu'un esclave? Ecrivez une définition, puis comparez avec un(e) partenaire avant de vérifier dans un dictionnaire monolingue.

5 Ecoutez les quatre sections du reportage d'Amnesty International et faites les activités.

a Complétez les phrases.
1 L'esclavage a été aboli il y a …
2 Pourtant, même aujourd'hui, il y a des milliers de 'petites bonnes' qui …

b Recopiez et remplissez le tableau.

-	heures de travail des 'petites bonnes'
-	ce qui leur manque
-	traitement quotidien

c Expliquez pourquoi Sahondra a accepté de venir travailler en France pour un salaire mensuel de 15 euros.

d Répondez aux questions.
1 Pourquoi est-ce que Sahondra a pris peur?
2 Pourquoi est-ce que ses voies de recours sont limitées?
3 Pourquoi dit-on que Sahondra a besoin d'une éducatrice?
4 Expliquez le terme 'une soumission inconcevable pour l'homme libre' dans vos propres mots.

Compétences

Preparing for the general conversation element of the oral exam

● **Answer the question you are asked.**

1 Decide which of the possible answers best replies to the question: *Est-ce que l'esclavage existe toujours?*

i Non, l'esclavage a été aboli il y a 150 ans.

ii En principe l'esclavage a été aboli il y a 150 ans, mais il existe toujours, même en France. Par exemple …

● **Ask for clarification if you need it.**

2 Write down what you could say if:

a There is one key word you don't understand.

b You think you understand, but need to check.

c You think the question is ambiguous and want to check what information the examiner is seeking.

● **Speak at length. Use facts, examples and your own opinions.**

3 The examiner asks for your opinion of the Madagascan parents who send their children off to a life of slavery in France. Finish these possible answers, giving as much detail as you can.

a Je sais bien qu'ils sont pauvres. Par exemple …

b Ils imaginent probablement que la vie en France sera meilleure parce que …

c Somme toute, j'ai pitié d'eux parce que …

d Mais pour améliorer leur situation, je pense qu'il faudrait …

● **Be prepared to justify your views if challenged.**

4 Complete the following responses in your own words.

a Examiner: Vous ne croyez pas que les diplomates ont le droit d'avoir des 'petites bonnes' comme Sahondra?

You: Absolument pas! Tout le monde doit respecter les droits de l'Homme et …

b Examiner: Mais Sahondra et sa famille ont accepté les termes du contrat, non?

You: Oui sans doute, mais venant de Madagascar, où les conditions de vie … et ne sachant peut-être pas que …

En plus Feuille 27 will help you prepare further for the oral examination.

Au choix

1a 🔊 Ecoutez la première section du reportage sur l'humanisation de la mondialisation et complétez les sept engagements pris par les pays les plus riches du monde pendant les dernières réunions G7-G8.

1 Réduire de moitié …
2 Assurer …
3 Réduire de deux tiers …
4 Réduire de trois quarts …
5 Assumer l'accès universel aux …
6 Inverser la tendance à …
7 Supprimer la disparité entre …

1b 🔊 Ecoutez le reste du reportage et décidez si les phrases suivantes sont vraies ou fausses.

1 Michel Camdessus est content que les pays riches du monde fassent de leur mieux pour réaliser ces sept engagements.
2 Pour lui, il est important de réduire les dettes des pays pauvres.
3 Il dit qu'il ne faut pas accepter la mondialisation.
4 Il accepte que les pays riches ont le droit de garder tous leurs biens.
5 Pour lui, les actions les plus efficaces se prennent à l'échelle globale.

2a De quoi s'agit-il dans le texte 'Tearfund for ethical tourism'?

2b 👥 Travaillez à deux et préparez une liste de questions sur le texte à droite. Puis faites un jeu de rôle où un candidat discute le document avec un examinateur / une examinatrice.

3a 'Les problèmes qui confrontent la race humaine sont globaux, mais les solutions sont locales.' Etes-vous d'accord? Ecrivez 250 mots à ce sujet.

3b Ecrivez un article intitulé 'Notre village planétaire: les avantages l'emportent sur les inconvénients.' Vous pourriez traiter de sujets comme le commerce, l'environnement, la richesse et la pauvreté, les droits de l'homme, l'échange des idées …

Tearfund drive for ethical tourism

As people prepare for their summer holiday, the Christian relief and development charity, Tearfund, is issuing an ethical tourism code and urging holidaymakers to ask searching questions of their tour operators. 'The principles of fair trade apply to the purchase of a holiday, just as much as to products like tea and coffee,' says Tearfund's Graham Gordon, editor of a new booklet called 'Don't forget your Ethics'. The 10-point code urges tourists to buy locally-made goods and services wherever possible and to pay a fair price. It asks holidaymakers to request specific information from tour operators on culture, politics, environmental concerns and how much they support the economy in the country to be visited. Graham Gordon says, 'We don't want to stop people going on holiday, or make them feel guilty. We recognise that holidays are a vital part of many people's lives. But we are encouraging people to think about how they behave and to ask tour operators to do the same. If enough tourists want the industry to behave in an ethical way, then it will have to respond.'

4 🔊 Ecoutez et répétez les phrases suivantes.

a La population mondiale augmente à un taux vertigineux, surtout dans les pays en voie de développement.
b Les pays riches doivent contribuer à diminuer les inégalités à l'échelle mondiale en fournissant une entraide internationale.
c Qu'il s'agisse de deux nations en combat, d'une guerre civile ou du terrorisme, les retombées pour la population civile ne peuvent pas être sous-estimées.
d La mondialisation profite surtout aux grandes puissances économiques qui cherchent à imposer leur mode de vie au reste du monde.
e Vous croyez que l'on a aboli l'esclavage il y a 150 ans? Pourtant ce fléau de l'humanité ressurgit à nos portes.
f Ce que je fais, moi, dans mon petit coin, doit être en fonction d'une conception juste du Bien commun de la famille humaine toute entière.

1a 🔊 Une jeune Britannique, qui voudrait travailler en France, se renseigne à Paris.
Ecoutez la première partie. Trouvez et corrigez les phrases fausses.

a Toute personne originaire d'un pays de l'UE peut travailler en France.

b Il ne faut aucun papier si on reste moins d'un an.

c Il faut une carte de séjour si on reste plus d'un an.

d La carte de séjour ne permet pas de rester en France plus de 5 ans.

1b 🔊 Réécoutez et répondez aux questions.

a Où s'adresser pour trouver du travail? (4 réponses)

b Que faire pour devenir animateur en France?

1c 🔊 Ecoutez la deuxième partie de la conversation sur l'option "aide familiale au pair" et résumez-la en mentionnant:

♦ les qualifications nécessaires ou souhaitées

♦ les droits et les devoirs de l'au pair

Pour obtenir des renseignements sur l'association Chiche!, visitez leur site web: www.altern.org/chiche

Alice, l'écologie c'est sa nature!

Alice a 20 ans, et à 20 ans on veut toujours changer le monde. Mais cette étudiante en deuxième année de géographie ne se contente pas de philosopher. Elle agit. Elle lutte pour la protection de l'environnement et pour une société plus juste. Elle milite au sein de l'association Chiche!*, le mouvement des jeunes écolos alternatifs solidaires. "J'ai adhéré à Chiche sept mois après sa création", raconte-elle. "J'avais 16 ans. J'en avais ras le bol d'un certain nombre de choses: les voitures qui manquent de t'écraser lorsque tu fais du vélo en ville, la pollution qui te file mal au crâne, les catastrophes écologiques, les plans sociaux à répétition … Non seulement les hommes ne respectent pas la nature, mais ils ne se respectent pas entre eux. Je me suis demandée comment le monde pouvait progresser avec des racines aussi pourries et j'ai eu envie de passer à l'action."

Ce qui lui a plu chez les jeunes écolos alternatifs solidaires, c'est d'abord leur audace, (chiche, on change la société!) et leur façon de penser le monde dans sa globalité. "On ne peut pas séparer l'environnement et le social," explique cette Parisienne. "Les deux sont liés. Les modes de production ont des conséquences à la fois sur la nature et sur l'homme." "Penser globalement et agir localement en menant des actions revendicatives, festives et non violentes", tel est le mot d'ordre de Chiche! Parmi ces actions, on peut citer les "vélorutions" (pour vélo et révolution!), des manifestations à

bicyclette pour demander moins de voitures et plus de transports en commun non polluants, "le pic-nique" anti-MacDo, l'étiquetage de produits susceptibles de contenir des OGM ou encore la campagne pour le droit de vote des étrangers … On n'est pas loin du programme des Verts. D'ailleurs, le parti politique finance l'association (400 membres dans toute la France), ce qui selon Alice ne l'empêche pas de rester indépendante.

Dernière campagne en date pour Chiche!: le Pari contre l'effet de serre. Un projet européen qu'elle organise en France avec Les Amis de la Terre et Le Réseau Action Climat. Les élèves de toute l'Europe (lycée, collèges, primaires) parient qu'ils peuvent réduire de 8% leurs émissions de gaz carbonique (CO_2) en huit mois. Ils font ainsi référence à l'engagement pris par l'Union européenne de réduire les émissions de gaz à effet de serre de 8% en huit ans. Comment y parviendront-ils? En faisant des gestes simples comme prendre les transports en commun au lieu de la voiture, utiliser moins d'emballages, mieux réguler le chauffage, contrôler la consommation d'eau et d'électricité … Utopique le pari des jeunes européens? "Pas du tout, répond Alice. L'expérience a déjà été menée en Allemagne, en 1998, et ils ont réussi!"

Paula Pinto Gomes

*Chiche!
Let's do it!/You bet!

2a *Alice, l'écologie c'est sa nature!* Lisez le premier paragraphe de l'article et décidez si les éléments suivants sont vrais, faux ou non donnés.

   a Alice, idéaliste, ne sait pas passer à l'action.

   b Elle fait des études de géographie pour mieux défendre l'environnement.

   c Elle ne supporte plus la pollution et les inégalités sociales.

   d Elle a voté pour le parti écologiste aux élections.

   e Elle pense qu'il est trop tard pour améliorer la situation.

2b Lisez le deuxième paragraphe et complétez:

   a Alice a choisi l'association *Chiche!* parce que … (2 raisons)

   b les principes fondamentaux de l'action de l'association sont … (3)

   c *Chiche!* s'apparente à … (parti politique? dans quelle mesure?)

2c Traduisez le troisième paragraphe en anglais.

2d Traduisez les phrases suivantes en français, en vous référant au vocabulaire de l'article.

   a Teenagers are often fed up with many things. Many simply dream about changing the world. Few actually do anything about it and even fewer campaign actively within an association.
   (ras le bol; se contenter de; agir; militer, au sein d'une association)

   b The association's latest challenge is that school children throughout Europe make a commitment to reduce their energy consumption and therefore the greenhouse effect. *(pari, s'engager, réduire, consommation, effet de serre)*

2e Vous voulez devenir membre de *Chiche!* Ecrivez un e-mail (150 mots) expliquant vos raisons.

3 Lisez l'article sur Ashford et répondez oralement.

   ◆ De quoi s'agit-il?

   ◆ Qu'est-ce qui distingue Ashford des autres villes du sud de l'Angleterre?

   ◆ Pourquoi est-ce surprenant?

   ◆ Qui sont les "envahisseurs"?

   ◆ Quelles sont leurs raisons pour s'installer à Ashford?

   ◆ Pensez-vous que ce soient de bonnes raisons?

[…] Ashford is the railway station that is the first British stop for the Eurostar coming from Paris; […] French companies are hurrying to set up businesses here; Ashford is becoming a centre of administration, distribution and commerce for companies involved in computer software and mobile phone to plastics and fish distribution. […] The attraction is for financial reasons: high taxes and mind-boggling layers of bureaucracy in France are driving entrepreneurs across the Channel. Social tax (National Insurance) is 12 per cent here, but 47 per cent in France. To set up a company in France there is endless red tape, but here you can be ready to trade in a day.

This little market town in Kent is an unlikely prototype for a European melting-pot. The south coast around the Cinque Ports area sees itself as a doughty bastion against the depredations of Johnny Foreigner, not a gateway to welcome him in. […]

In Ashford, however, a whole infrastructure has grown up to welcome the French invasion, offering all kinds of services to the incomers. Estate agents, property companies and recruitment agencies are leaping into the breach. Europe in England, off the high street, is one such agency, and has been helping French incomers since February. "There are a lot of different people asking for information, some about start-ups, some about relocation," explains director Cinzia Beretta. […]

Alain Wiecek, a baker, has set up here with his girlfriend, Irene Canot. He came to Ashford because he wanted to be his own boss. "In France there are bakeries everywhere already, and I'd heard lots of comments about help for French businesses starting up in England." Business, he says guardedly, is "all right". But he is contending with less sophisticated palates than he is used to. "In Kent they are very traditional, they like their sausage rolls," he says, looking out glumly at the drizzle.

Extracted from an article by Hester Lacey first published in *The Independent on Sunday* 31 December 2000.

4 Lisez ces recommandations de la loi française concernant l'incarcération des mineurs. Expliquez et commentez en environ 250 mots.

   "Un mineur ne peut être détenu que dans un établissement pénitentiaire disposant d'un quartier spécial. En principe, il est isolé la nuit, mais à défaut, il ne peut y avoir plus de deux mineurs dans la même cellule. Lors de sa détention, il doit participer à des activités de réinsertion professionnelle ou générale, et avoir accès à des activités de plein air."

Révisez tout

Unit 4 Part A

In this section you will hear three short items. The marks for each question are given.
You may listen to the items as many times as you wish.

Total for this question: *10 marks*

1 [▣] Ecoutez le reportage sur Médecins sans Frontières et finissez les phrases, suivant le sens du texte.

a Médecins sans Frontières vient de gagner …

(1 mark)

b L'objectif de Médecins sans Frontières est de venir au secours des victimes des conflits quel que soit … *(4 marks)*

c Ils ont agi pour la première fois en … *(1 mark)*

d MSF travaille non seulement avec des victimes de guerre, mais aussi dans les pays où il y a eu …

(2 marks)

e Une soixantaine de volontaires travaillent dans des cités françaises où ils essaient de … *(2 marks)*

Total for this question: *6 marks*

2 [▣] Ecoutez le texte *Le voyage commence sur Internet* et complétez chaque phrase avec **un seul mot**. Répondez **en français**.

a Les internautes qui se préparent un voyage et ne … pas où aller, sont la cible idéale de ce nouveau système. *(1 mark)*

b Qui ne serait pas … par une semaine à Marrakech pour 410 euros, vol compris? *(1 mark)*

c Rien de plus simple: surfez le Web, puis partez …

(1 mark)

d Dégriftour ne compte plus tout … sur Minitel.

(1 mark)

e En fait, cette compagnie … déjà plus de la moitié de ses voyages sur Internet. *(1 mark)*

f Les voyageurs … et français ont déjà pris l'habitude de préparer leurs vacances sur le Web.

(1 mark)

Total for this question: *10 marks*

3 [▣] Ecoutez le reportage sur les dangers du portable et répondez aux questions en français. Attention! **Il y a cinq points supplémentaires pour la qualité de votre langue**.

a Quelle question se pose au début du reportage?

(2 marks)

b Donnez **trois** exemples de problèmes de santé dont peuvent souffrir ceux qui utilisent un portable. *(3 marks)*

c Quelle est l'opinion de Richard Branson concernant les portables? Comment le savez-vous?

(3 marks)

d Expliquez la différence entre l'attitude des Français et celle des Britanniques envers les portables.

(2 marks)

Part B

In this section you will hear one longer item. The marks for each question are given.
You may listen to the item as many times as you wish.

Total for this question: *38 marks*

4 🔊 Ecoutez cet extrait sur la fermeture du Tunnel du Mont Blanc. D'abord répondez **en français** aux questions suivantes sur la première partie.

a Qu'est-ce que tout le monde se demande dans la vallée de Chamonix? *(2 marks)*

b Donnez **deux** détails sur l'accident qui s'est produit dans le tunnel. *(2 marks)*

c Qu'est-ce qu'on saura à la fin de la commission d'enquête franco-italienne? *(2 marks)*

d Expliquez **deux** effets de la fermeture du tunnel sur les stations-services et les restaurants de la région. *(4 marks)*

e Résumez la deuxième moitié du passage qui concerne le détour imposé par le tunnel de Fréjus (vallée de la Maurienne). Faites mention des points suivants. Il y a 12 points pour le contenu de ce que vous écrivez et **10 points pour la qualité de votre langue**. Répondez **en français**.

- ◆ deux conséquences du détour pour les transporteurs routiers de Haute-Savoie
- ◆ le surcoût
- ◆ une comparaison entre la situation actuelle et l'année dernière
- ◆ la limitation qui s'applique au tunnel de Fréjus
- ◆ les effets de cette limitation

(12 marks + 10 marks)

f Remplissez les blancs de ce résumé. Choisissez un infinitif, un substantif ou un adjectif de la liste fournie. Mettez-le **à la forme correcte** (temps / personne / accord / genre). Utilisez six mots différents.

> Tous sont d'accord. La fermeture du Tunnel du Mont Blanc (1) _____ un désastre économique pour le secteur touristique.
> La commission d'enquête va se prononcer sur la durée des (2) _____ nécessaires mais il y a très peu de gens qui (3) _____ une réouverture avant un an.
> Pas mal de stations-services qui (4) _____ du passage des poids-lourds (5) _____ fermer. Le détour imposé par le tunnel de Fréjus est tout aussi lourd de conséquences.
> Le tunnel est saturé et les quatre heures d'attente représentent une demi-journée de travail (6) _____.

travail – vouloir – réouvrir –
perdre – plus – bouchons – envisager –
menacer – vivre – régional – clientèle –
limitation – traversée – entraîner –
progression –devoir – espérer

(6 marks)

In this section you will read two short items. The marks for each question are given.

Total for this question: *6 marks*

5 Lisez l'article au sujet du livre *C'est quoi le sida?* Décidez si les éléments qui suivent sont vrais (V), faux (F), ou non-donnés (ND).

C'est quoi le sida?
par le Pr Léon Schwartzenberg
éd. Albin Michel, 7 euros

Le but de la collection "C'est quoi?" est de favoriser le dialogue parents-enfants. Parce qu'il faut faire des enfants les médiateurs du savoir, parce que la lutte contre les maladies transmissibles passe indiscutablement par l'information, le Pr Léon Schwartzenberg, célèbre cancérologue, a décidé d'expliquer le sida aux enfants dans un petit livre de 90 pages.

La France est aujourd'hui un des pays d'Europe où la maladie est la plus fréquente. Confrontés à cette triste réalité, les enfants ne comprennent pas toujours les explications relatives à cette maladie. Il est d'autant plus difficile pour les parents de répondre à leurs questions qu'elles touchent aux thèmes sensibles de la sexualité et de la mort. Chassant les tabous et les idées reçues, cet ouvrage éclaire les jeunes lecteurs en utilisant des termes simples et les sensibilise déjà aux précautions à prendre.

a Il s'agit ici d'un livre destiné principalement aux enfants. _____

b Les adultes sont déjà bien informés au sujet du sida. _____

c L'auteur du livre est spécialiste du sida. _____

d Il n'y a que très peu de gens atteints du sida en France. _____

e Les parents sont souvent gênés de parler du sida aux enfants. _____

f Le livre explique aux lecteurs comment éviter le sida. _____

6 Lisez le reportage au sujet des accidents de la route. Trouvez les chiffres qui conviennent à chaque élément dans la grille. Ne faites pas de calculs, les chiffres nécessaires figurent dans l'article.

Les chiffres qui effraient

Plus de 8 000 morts sur les routes de France, 167 000 blessés et 125 000 accidents. Voilà de quoi faire peur. Mais la France est le carrefour de l'Europe. Elle totalise 40% de son réseau routier. Il n'y a dès lors rien d'étonnant à ce qu'elle fasse partie des "mauvais élèves de la communauté".

23 personnes meurent chaque jour en France d'un accident de la route.

11% de morts en moins dans les cinq derniers mois par rapport à l'an dernier. C'est mieux, mais encore loin de l'objectif visé par le ministère des transports: la réduction de moitié.

4 500 000 personnes sont touchées par les accidents de la route chaque année.

33% des conducteurs iront un jour à l'hôpital. Une personne décédée coûte 584 000 euros, un blessé grave 60 000 euros et un blessé léger 12 800 euros. En France, c'est annuellement à près de 9 milliards d'euros que reviennent les accidents.

La vitesse est en cause dans 48% des accidents mortels. Le champ visuel d'un conducteur à 130 km/h est réduit à 30 degrés. A 200 km/h, le même conducteur ne voit plus que sur 5 degrés.

L'alcool est responsable de 3 600 décès. Il en est cause dans 40% des accidents mortels. Dès 0,2 gramme d'alcool par litre de sang, l'appréciation des distances et des vitesses est troublée. La limite légale en France est toujours de 0,5 gramme d'alcool par litre de sang.

Le temps de réaction augmente de deux tiers entre 20 et 60 ans.

Le nombre de morts a diminué de moitié depuis les records des années 70 bien que le trafic ait augmenté. Les routes sont indéniablement plus sûres.

1 Le pourcentage des routes européennes qui se trouvent en France.	
2 Le coût pour l'Etat d'une personne qui meurt dans un accident de la route.	
3 La vitesse à laquelle un conducteur ne voit que ce qui est droit devant lui.	
4 Le pourcentage des accidents mortels de la route qui sont causés par un conducteur ayant bu de l'alcool.	
5 La quantité minimum d'alcool par litre de sang qui influence le temps de réaction d'un conducteur.	
6 La différence entre le temps de réaction d'un retraité de soixante ans et celui d'un conducteur de vingt ans.	

In this section you will read one longer item. The marks for each question are given.

Total for this question: *53 marks*

7 Lisez l'article au sujet de la violence dans les écoles françaises.

A l'école de la violence ordinaire

Rackets, brutalités, insultes … Les lycées de France sont malades. Mais, de Marseille à Poissy, partout on se mobilise contre les élèves violents.

A Bondy-Nord, des parents occupent le collège Jean-Zay depuis le 25 janvier, lassés par les incidents qui se multiplient. "La présence policière dans le collège n'est pas une solution", estime une mère, "mais il faut davantage de surveillants. Comment des adolescents ont-ils pu apporter de l'essence et des bombes d'acide chlorhydrique sans que quiconque s'en aperçoive?"

Les enseignants, eux, réclament un psychologue et souhaitent qu'un tissu associatif propose des activités aux jeunes de la cité. "Ils ont besoin de s'exprimer, constate Catherine Vieron-Lepoutre, professeur de français. Ils souffrent d'être en surnombre, car on ne peut pas tous les écouter. Le problème est celui des bandes." Ici, les altercations entre professeurs et adolescents sont devenues presque banales, sans qu'aucune sanction sérieuse ne soit prise.

A Marseille, par contre, les mesures prises par Pierre Caravano, le directeur du collège Barnier, paraissent efficaces dans la lutte contre la violence. Parmi les 750 élèves de l'établissement, la proportion est exactement identique entre ceux qui viennent de milieux défavorisés et ceux qui sont d'origine étrangère (le plus souvent maghrébine ou gitane): 90%! Pour endiguer la violence: une infirmière et une assistante sociale. La première a prodigué 4 000 séances de soins en 2000, soit plus de 20 par jour, et l'agenda de la seconde est surchargé. Toute l'équipe enseignante, "motivée et dynamique", s'emploie à ouvrir l'esprit des adolescents sur le monde, à leur inculquer le sens de la citoyenneté. Les élèves d'une troisième d'insertion sacrifient quelques heures de cours, deux fois par semaine, à travailler pour les Restos du cœur.

Le collège entier fonctionne en réseau, avec la collaboration de tous ceux qui jouent dans le quartier un rôle éducatif, préventif ou répressif: assistantes sociales, animateurs, élus municipaux, flics, magistrats. Même les conducteurs de bus peuvent à tout moment contacter le directeur sur son portable. "D'aucuns", déplore le directeur, Pierre Caravano, "diront que les enseignants ne sont pas des éducateurs et qu'ils devraient se concentrer sur le travail scolaire proprement dit. Mais c'est seulement une fois la paix du quartier retrouvée que nous pourrons enfin faire l'école."

Pour les questions **a** à **g**, répondez en français.

a Qu'est-ce que les parents ont fait au collège Jean-Zay et pourquoi? *(2 marks)*

b Selon l'avis d'une mère, qu'est-ce qu'on devrait faire pour combattre la violence? *(1 mark)*

c Selon les professeurs, quels facteurs mènent à la violence au collège Jean-Zay? *(3 marks)*

d Pourquoi la plupart des élèves du collège Barnier sont-ils défavorisés? *(2 marks)*

e Quels postes a-t-on créés au collège pour aider les élèves à surmonter leurs problèmes personnels? *(2 marks)*

f Pourquoi le collège organise-t-il le travail volontaire pour certains élèves? *(2 marks)*

g Que peut faire un conducteur de bus marseillais si des élèves se comportent d'une façon violente? *(1 mark)*

h Traduisez en anglais le dernier paragraphe du texte. *(20 marks)*

i Traduisez ces phrases en français

  i The parents said they were occupying the school because there had been so many violent incidents. *(4 marks)*

  ii The town council could offer more activities to young people from disadvantaged backgrounds. *(4 marks)*

  iii It seems that too many adolescents can only express themselves through violence. *(4 marks)*

  iv If teachers worked as a team with social workers and the police they could succeed in containing the violence. *(4 marks)*

  v Many schools in other towns will be interested in the measures tried out in Marseilles. *(4 marks)*

Unit 6

1 Lisez le texte et préparez-vous à répondre en français à la question:
De quoi s'agit-il?

Pour vous aider à parler des idées du texte, prenez des notes pour
répondre aux questions suivantes:

- Comment fonctionne ce traitement?
- En quoi est-il différent des autres?
- Quels en sont les avantages et les inconvénients?
- Selon vous, comment expliquer ce besoin de consommer de grandes quantités d'alcool?
- Que savez-vous de la consommation d'alcool en France?

Anti-alcohol pill offers cure for the binge drinker

An anti-alcohol pill which stops people drinking to excess is being launched this week. [...] Unlike other drug treatments which make people physically ill if they drink, the new drug, naltrexone, helps people to control their alcohol habits yet still allows them to imbibe socially. The pill stops the craving for alcohol by taking away the pleasure of drinking, according to Roger Thomas, a consultant psychiatrist who is promoting the treatment.

It can be used by binge drinkers to reduce the amount they drink and by people who are dependent on alcohol and who wish to give up completely. [...] The anti-alcohol drug naltrexone, which is claimed to have an 80% success rate, works by blocking the effects of alcohol on pleasure receptors in the brain, so craving for it is weakened. [...] The drug has to be combined with a psychological approach to deal wih the underlying cause of the drinking problem. [Dr Thomas] said: "This is not a magic treatment, it's a new approach which has a lot of possibilities. It is not a pill which allows you to drink." [...]

Robert Lefever, an addiction specialist who runs the Promis Recovery Centre said he preferred a non-drug approach and said that drugs such as naltrexone create "dry drunks". He added "They still have the behavioural characteristics of an addict".

2 Lisez le texte et préparez-vous à répondre en français à la question: De quoi s'agit-il?

Pour vous aider à parler des idées du texte, prenez des notes pour répondre aux questions suivantes:

◆ De quoi Sami a-t-il été victime?

◆ Pourquoi ce fait divers est-il particulièrement significatif?

◆ Comment explique-t-on la montée de la violence criminelle chez les jeunes?

◆ Quelles sont les preuves concrètes de ce phénomène?

◆ Pensez-vous, comme le réalisateur de *La Squale*, qu'un film puisse changer l'opinion publique?

◆ D'après vous, quelles sont les solutions possibles à ce problème?

France horrified by rise of the teenage killers
Turf wars and macho culture fuel increase in violent crime by juveniles

Stuart Jeffries in Paris

It was supposed to be a fundraising evening for genetic research in Drancy [...] The evening degenerated into a mass brawl between gangs which spilled onto the streets. One boy, 17-year-old Sami, tried to find refuge on a bus but a gang of 30 followed him and in the ensuing fight he was stabbed twice in the chest. Sami – the French police do not release the family names of juvenile perpetrators or victims of crime – died shortly after. A youth of his own age has admitted the crime.

The incident last Friday in Drancy is just one of a series of murders of teenagers by teenagers. [...] The violence is often associated with gang feuds in the tough, high-rise estates that ring French cities. There, unemployment is high and the young people, many from ethnic minorities, often reject authority. [...] Explanations for the rise in youth crime abound – ranging from an absence of parental control and the influence of drugs to the alienation of young Muslims from mainstream French society – but no single factor appears to account for the recent spate of killings. [...]

Between 1993 and 1999, the number of 13–18 year-olds in jail in France almost doubled to 4,326. The number jailed for violent crime almost tripled between 1994 and 1998 to 3,825. But it is the rate of murders of adolescents, which for the past 20 years has ranged between 20 and 40 per year in France, that has proved most disquieting.

"I've been in this job for 25 years but this phenomenon of young boys from housing estates killing each other is the most disturbing thing I've witnessed," Rene Guillemet, a director of the juvenile offenders' agency, Le Protection Judiciaire de la Jeunesse, said. [...]

One of France's most popular films at the moment is *La Squale* (a *squale* is a girl tearaway), directed by Fabrice Genestal, a former teacher at a school in Sarcelles, near Paris. He was alarmed by the violent, macho culture he saw and has tried to portray it faithfully on the big screen. Like *La Haine* (Hatred), Mathieu Kassovitz's acclaimed 1995 film about three alienated youths from suburban Paris, *La Squale* is set in a tough estate. It features disturbing scenes, including the gang rape of a girl in a cellar. "My film must serve as an alarm bell," Mr Genestal said. [...]

Coursework skills

Choosing a topic

- Choose a general area of interest, where you know some key ideas and vocabulary and you are sure that plenty of source material in French is available. You may wish to find out more about an area you have studied already in *Elan*.

- Decide on a specific topic within that general area. You may want to keep two or three possible topics in mind, and decide which one to choose when you see how much information is available.

- Don't take too general a topic. *"Le racisme en France"* or *"La violence en France"*, for example, would not be suitable. However, any of the following titles, which focus on specific aspects of racism or violence, would be fine:

  "Pourquoi le racisme est-il devenu un problème dans les banlieues françaises, et comment essaie-t-on de le résoudre?"

  "Quelles mesures ont été prises pour combattre la violence dans les établissements scolaires en France? A quel point sont-elles efficaces?"

  "Que fait la ville de Marseille pour combattre le racisme?"

- You may wish to choose a geographical, cultural or literary topic, such as

  "L'importance du tourisme en Provence"

  "Le rôle de François Truffaut dans l'évolution du film français"

  "Le thème de l'enfance dans les romans de Pagnol"

1. With a partner, think of two suitable titles for each of the following general topic areas.
   - le Tiers-Monde
   - la technologie
   - les transports
   - l'environnement

2. Compare your ideas with others in the class, and decide together whether your titles are appropriate.

Researching a topic

- Find out as much as you can about your topic, and read widely in French.

- Research need not be entirely text-based. You may be able to use knowledge gained from a visit to France or from an interview with a French speaker.

- Only use source materials in French, and make notes from them in French to ensure that your coursework shows a good variety of language. However, avoid texts which are in very technical or difficult language. As a general rule, if you understand less than a third of a text at first glance, it is probably wiser to abandon it and look for something more approachable.

- Never be tempted to copy whole sentences from a text, unless you intend to put them in quotation marks and acknowledge the source.

- Start your research in good time, and use your initiative!

- The Internet is the best source of information on current issues. Newspaper and magazine websites allow you to access "archives" for past articles and, most useful of all, have built up "dossiers" of articles on specific topics. See the *Elan* website www.oup.com/uk/elan for links to the most useful websites.

- If you download any material from the internet, remember to make a note of the website address at the time. You will need to give it in your bibliography.

3. Practise research techniques! Find three suitable articles from Internet sources on the following topic: *"La violence dans les banlieues est-elle inévitable?"*

Research and planning

Writing a plan

Once you have assembled your material and read as widely as possible on your
chosen topic, you are ready to plan your coursework essay in detail.

- Your plan must be coherent and logical. Start with an introduction in which you
  present your topic and introduce the main aspects you are going to cover.

- Then plan three or four paragraphs, one on each aspect you have mentioned in
  your introduction.

- Finish with a conclusion, in which you sum up the main points you have made,
  give your own views on the topic and suggest possible ways forward.

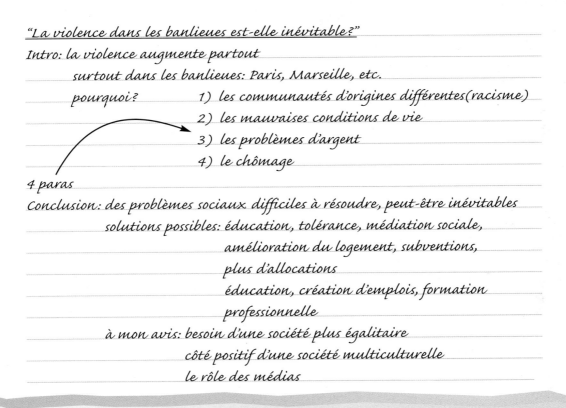

"La violence dans les banlieues est-elle inévitable?"
Intro: la violence augmente partout
      surtout dans les banlieues: Paris, Marseille, etc.
    pourquoi?   1) les communautés d'origines différentes(racisme)
           2) les mauvaises conditions de vie
           3) les problèmes d'argent
           4) le chômage
4 paras
Conclusion: des problèmes sociaux difficiles à résoudre, peut-être inévitables
      solutions possibles: éducation, tolérance, médiation sociale,
           amélioration du logement, subventions,
           plus d'allocations
           éducation, création d'emplois, formation
           professionnelle
    à mon avis: besoin d'une société plus égalitaire
           côté positif d'une société multiculturelle
           le rôle des médias

- Next, plan each of your main paragraphs in detail. It can help to
  start with a spider diagram. For each point you want to make,
  note down any of the following:

  - specific examples of incidents which illustrate the point
  - any relevant statistics
  - any relevant statements, e.g. from politicians or experts
  - key words and phrases from your source materials.

- Make sure that your paragraphs are linked and follow on logically,
  in terms of both ideas and language.

- You are now ready to write your first draft. If you write each paragraph
  separately, keeping closely to your plan, 700 words will not be difficult.

Writing a first draft

Using your source material

Length

- Work out the number of words in each section of your piece, according to the type of argumentation you chose (see pages 109), eg: 700 words in total (250 for an essay), 40/50 words each for the introduction and conclusion.

Use of source material

- Revisit the source material, this time noting ideas, examples, quotes that are relevant to your arguments. Resist the temptation to include too many! **Activity 2**

- Use quotes to illustrate a point but don't copy or paraphrase ideas from a text. Rephrase them in your own words. **Activity 3**

Drafting your work

Structure

- Organise your arguments – as you did your plan – in a clear and coherent way. Divide each section of your plan into paragraphs, each with one main idea and one or several relevant examples.
  Draft your introduction and conclusion at the end. (See pages 112–113.)

- Your line of arguments – established in your plan – should reach its conclusion in a clear and logical manner: indicate and justify your reaction/opinion to each point. Then draw conclusions before going on to your next point. **Activity 1**

Use of language

- Make a list of key words/phrases (including synonyms for variety) relevant to the topic and use as many as possible. **Activity 4**
- Clearly indicate the links between the sections and ideas in your piece by choosing appropriate phrases, eg. to introduce, list, compare, oppose, indicate a cause, a consequence, etc. **Activity 5**
- Use a variety of phrases to express your opinion and make your point convincingly. **Activity 6**

La violence dans les banlieues est-elle inévitable?

1 Read these extracts from two different essays. Which one is better structured? Consider:
  a the ideas in each paragraph
  b the way paragraphs begin and end
  c the way ideas progress towards a resolution

A

les conditions de vie sont souvent difficiles dans les banlieues.

La violence naît souvent dans ces quartiers où il y a des communautés d'origines différentes et donc à cause du racisme. Ces communautés ont pourtant des choses en "commun", des problèmes d'argent, le chômage, de mauvaises conditions de vie.

Il faut considérer le problème du racisme dans les banlieues et essayer de trouver des solutions même si ce n'est pas un des facteurs qui contribuent le plus à la violence

B

la pauvreté, le chômage. Il est donc clair que les mauvaises conditions de vie créent des tensions dans certaines banlieues.

A cela vient s'ajouter le fait que les habitants sont souvent d'origines différentes. Ils co-habitent mais souvent sans se comprendre ou s'accepter. Si le racisme n'est pas, selon moi, la cause majeure du problème des banlieues, on ne peut cependant l'ignorer quand on considèrera les solutions possibles.

Envisager des solutions, c'est refuser l'inévitabilité du problème. Il me semble effectivement que

Writing a first draft

(2) Look at the sample material (right). What would you include as a quote to illustrate the points made in essay B on page 110?

(3) Which of the sentences a–c below make the best use of the ideas contained in the last paragraph of the sample material without paraphrasing it?

a Dans les années 60, 70, les banlieues étaient un lieu transitoire d'habitations où on restait pour se faire une situation sociale avant de partir vers d'autres lieux. Aujourd'hui, ce n'est pas le cas. Alors, comment demander aux gens de se sentir citoyens?

b Le fait que les banlieues, conçues à l'origine comme lieux d'habitation temporaire, soient devenues des lieux d'habitations permanente, empêche leurs habitants, qui s'y sentent prisonniers, d'être des citoyens à part entière.

c La plupart des habitants des banlieues y vivent de façon permanente et c'est pour cela qu'ils se sentent citoyens.

(4a) The variety and richness of your vocabulary is important. The words below all relate to the essay topic. The words in column B are more "sophisticated" than those in column A. Pair them up.

A	B
les banlieues difficiles	l'exclusion
les difficultés entre les gens	la fracture sociale
le mélange des races	générateur/trice de conflits
le rejet des plus pauvres	trop médiatisé
les inégalités de la société	les quartiers sensibles
on en parle trop	le métissage
ça crée des situations violentes	les conflits de communautés

(4b) Similarly, find other phrases in the sample material to vary and improve on the following:

a la difficulté de participer à la vie de la société
b l'impression d'être en prison
c la situation instable et fragile de la vie de tous les jours

(5a) Link words help articulate your argument. Spot them in the extract from essay B.

Quel avenir pour les banlieues?

Alain Hajjaj, ancien chef de projet à La Verrière, est chargé des affaires sociales à Trappes (78)

Dans les banlieues:

■ La concentration des populations difficiles continue de s'accélérer. Chaque année, des dizaines de familles qui ont un travail, des revenus partent. Les jeunes retraités repartent vers leurs lieux d'origine, souvent en province.

■ La précarité du quotidien due au chômage, à l'augmentation du nombre des divorces, des ruptures familiales, s'installe.

■ La crise de la citoyenneté: trouver des habitants acteurs, porteurs d'objectifs de transformation devient bien difficile. Leur première préoccupation va bien sûr à assurer le quotidien. [...]

■ L'économie souterraine, pas toujours conforme aux lois républicaines, se développe. Dans deux, trois ans, l'argent qu'elle produit sera la première source de "richesse" avant les prestations sociales et le travail.

■ Le sentiment d'assignation à résidence domine. Dans les années 60, 70, elles étaient un lieu transitoire d'habitat. On y restait le temps d'asseoir une situation sociale pour partir vers d'autres lieux. Aujourd'hui ce n'est pas le cas. Dans ces conditions, comment demander aux gens de se sentir citoyens?

(5b) Write the words you found under the appropriate headings: adding – stating a cause – enumerating – stating a consequence – comparing – opposing

(5c) List these phrases under the headings in activity 5b.

> également – de même – par ailleurs – non seulement ... – mais encore – d'une part ... – d'autre part – d'un côté ... de l'autre – premièrement ... – deuxièmement – d'abord ... puis – tel – de même (que) – de la même façon – comme – de (ce) fait – en effet – vu que – étant donné – donc – de sorte que – d'où – si bien que – alors que – bien que – au lieu de – par contre

(6) There are various ways of saying what you think. Match up two sample phrases with each reaction.

1 I really think ...
2 I'm not so sure
3 I strongly disagree

a Il semblerait que
b Il est hors de question
c Il se peut que
d Il est inacceptable
e Il est clair/évident que
f On ne peut nier

(7) Write a piece (700 words maximum) on this topic, using all the material and tips from pages 108–111.

Redrafting and checking your work

Completing the first draft of the essay

● Write an introduction and a conclusion to the essay.

1. Which of the following should you do in the introduction and which in the conclusion?

   a give your personal views on the topic

   b introduce the topic

   c arouse the reader's curiosity and make him or her want to read on

   d give an indication of the structure of the essay

   e make a reference to the question without answering it fully

   f sum up the ideas outlined in the essay

   g perhaps look to the future and suggest ways forward

2. Which of the following phrases are suitable for an introduction and which for a conclusion?

   a Je viens donc à conclure que …

   b Toute réflexion faite, je trouve que …

   c Je vais peser le pour et le contre.

   d Il faut d'abord constater que …

   e Tout ceci amène à conclure que …

   f Il s'agit ici d'une question bien difficile à aborder.

   g Ayant considéré tous les arguments, …

   h Considérons d'abord les faits.

● Check the content and shape of the essay, making sure that:

   - there is a proper introduction and conclusion
   - the work is of the correct length. If it is too long, make some careful cuts, getting rid of any 'padding'. If it is too short, add some further examples.
   - each main idea is in a separate paragraph, and supported by evidence to back it up, e.g. a set of statistics, a quote from a novel
   - the ideas build up towards a logical conclusion
   - there are linking phrases to lead from one paragraph to another

3. Translate these linking phrases into English.

   a En revanche, …

   b Il en est de même pour …

   c A l'inverse, …

   d Ajoutons que …

   e Il faut aussi considérer …

   f Il existe d'autres possibilités.

Improving the language used

● Find synonyms for over-used words and phrases.

4. Choose three verbs from the box to replace each common verb.

   a dire   d devoir   g donner

   b penser   e finir

   c essayer   f montrer

   > affirmer – tâcher de – illustrer   être de l'avis que – constater – être obligé de   terminer – offrir – considérer – faire voir – indiquer – être contraint de – achever – mettre fin à   être forcé de – tenter de – chercher à – estimer   déclarer – présenter – fournir

● Check idioms.

5. Find a good translation for these expressions in a dictionary.

   a It's really about time that …

   b It's the height of incompetence

   c Nothing ventured, nothing gained

● Use conjunctions to join short sentences together.

6. Join the pairs of sentences together using *tandis que*, *afin de* and *avant de*.

   a Il faut prendre des mesures draconiennes / résoudre la situation.

   b Le problème est compliqué / la solution est simple.

   c Il faut mettre fin au travail clandestin / créer de nouveaux emplois.

● Use a good range of structures: the present participle, reflexive verbs and the subjunctive.

7. Translate these sentences into French using the prompt words in brackets.

   a We can make progress by investing more in publicity campaigns. (*en*)

   b We really must pay more attention to this problem. (*il faut que*)

   c When will these difficulties end? (*se terminer*)

   d Although these solutions are expensive, they are efficient. (*bien que*)

● Create a topic-specific glossary to provide you with a wide range of structures to draw on.

Redrafting and checking your work

Spot the errors

● Verbs need to agree with their subject.

(8) Fill the gaps with the correct form of the verb in brackets.

   a Ceci nous … évident! (*paraître*)

   b Qui vous … les solutions? (*expliquer*)

   c La méthode utilisée et le résultat obtenu … tous les deux à considérer. (*être*)

● Ensure you have the correct version of irregular verbs.

(9) Give the correct version of the verb in brackets.

   a Que … les ministres à l'époque? (*faire – imparfait*)

   b Qui … le dernier à accepter ces faits? (*être – futur*)

   c Il faut absolument que vous le … (*savoir – subjonctif*)

   d Qu'est-ce que nous … faire? (*devoir – conditionnel*)

● Check that you have used the correct tense.

(10) Translate the following sentences into French.

   a While the politicians were discussing the issue, the anti-racists demonstrated.

   b If these measures were taken, there would be an immediate improvement for many immigrants.

   c If there had been no prejudice, he would not have had to move from the area.

● Add agreements to past participles if needed.

(11) Decide what agreement, if any, is needed in the following sentences.

   a La décision? On l'a enfin pris…

   b Qui a pris… la décision?

   c Quelle est votre opinion des décisions qu'ils ont pris…?

   d Qu'est-ce qu'elle avait décidé… de faire?

● Check all adjectives for agreement and to see if irregular forms are needed.

(12) Write down the correct version of the adjectives in brackets.

   a des disputes …   (*amer*)

   b des attitudes …   (*dangereux*)

   c une explication …   (*faux*)

   d des préjugés …   (*cruel*)

● Check the spelling of all words which are similar to, but not quite the same as, their English equivalents.

(13) Give the French translation for each of these words.

   a racism   **c** community

   b responsibility   **d** inequality

Checklist

1 Choose your topic area.

2 Research it, making notes and focussing on a specific angle.

3 Decide on a title and check it with your teacher.

4 Plan ideas for each paragraph, referring each to the title and noting both facts and opinions. Check the plan with your teacher.

5 Draft the main body of the essay, paragraph by paragraph. Then draft the introduction and conclusion.

6 Re-read the essay, checking the content, the quality of the language and the accuracy.

7 Write out a final version.

8 Check it one final time!

Familiarise yourself with the assessment criteria for your exam specification, so that you know exactly what the examiners are looking for when marking your coursework. Briefly, you will be marked on three different things:

● **Knowledge of society**

This is the most important of the three areas, because it is worth 20 out of a total 30 marks.

You have to show that you know a lot about the subject: you have researched information from a number of sources; you have plenty of examples and evidence to back up the points you are making. Acknowledge the source of any statistics or quotations in footnotes.

● **Reaction and response**

This gains a possible five extra marks.

You must show that you can draw conclusions from the material you have assembled. Your personal opinions are very relevant, but they must be justified by the information you give and not just presented in isolation. Your ability to write a well-structured essay, where the arguments build up logically, is very important too.

● **Knowledge of grammar**

This is also worth five marks.

To gain the top mark, you must show that you can write complex sentences with a good range of structures, vocabulary and idiom and yet be very accurate at the same time. This section rewards you for accurate use of a good range of the structures and vocabulary that you have learned during the A-Level course.

Grammar

Glossary of terms

adjective   *un adjectif*
adds information about a noun or a pronoun

adverb   *un adverbe*
adds information about a verb, adjective or another adverb

agreement   *un accord*
when a word changes according to the number and gender of another word it relates to

conjunction   *une conjonction*
links two words or phrases, e.g. *et, parce que, bien que*

determiner   *un déterminant*
goes before a noun to introduce it, e.g. *le/la, un/une, mon/ma, ce/cette*

direct object   *un objet direct*
a person or thing which is acted upon by the verb, e.g. *Je vois <u>mon ami</u>.*

indirect object   *un objet indirect*
a person or thing which is acted upon by the verb but indirectly, usually with *à* present or implied, e.g. *Je parle <u>à mon amie</u>, je <u>lui</u> dis tout.*

infinitive   *l'infinitif*
 the basic, unconjugated form of a verb, e.g. *aller, voir*

mode   *le mode*
the way a verb refers to the action, e.g. *indicatif, subjonctif, conditionnel, impératif*

noun   *un nom*
a person, animal, place or thing

plural   *le pluriel*
more than one of something

preposition   *une préposition*
shows the relationship between a noun or pronoun and another word, e.g. *à, de, en, après, sur*

pronoun   *un pronom*
a short word used instead of a noun, a phrase or an idea, usually to avoid repetition

singular   *le singulier*
one of something

subject   *le sujet*
the object or person performing the action of the verb

tense   *le temps*
shows whether an action is past, present or future

verb   *un verbe*
a 'doing', 'being' or 'having' word

1 Nouns and determiners
les noms et les déterminants

1.1 Gender: masculine & feminine

All French nouns are either masculine or feminine.

Most nouns referring to people have two forms.
To make a masculine noun feminine:
- add an -e: *un employé / une employée*
- double the final consonant and add -e: *un Italien / une Italienne*
- change -eur to –euse and -teur to -trice (with some exceptions).

Some nouns can be of either gender: *un élève / une élève, un prof / une prof*.
Some nouns are masculine even when they refer to a woman: *un professeur, un médecin*.

The ending of the noun can help you work out its gender (but there are exceptions, so check in a dictionary!).
Nouns that end as follows are usually masculine:

-é	-eau	-acle	-age
-ège	-ème	-isme	-asme
+ nouns ending in a consonant			

Nouns that end as follows are usually feminine:

-ée	-ère	-eur	-ade	-itude
-ace	-ance/anse	-ence/ense	-ie	-ise
-oire	-ité	-té	-tié	
-tion	-sion	-aison	-ison	
+ nouns ending in a silent -e following two consonants				

1.2 Singular & plural

The plural is used when referring to more than one thing. Most French nouns add -s to make them plural.
le copain ⟶ les copains
Some nouns do not follow this regular pattern:
- nouns ending in -al usually change to -aux:
  un animal ⟶ des animaux
- nouns already ending in -s, -x or -z usually stay the same:
  le bras ⟶ les bras   *le prix ⟶ les prix*
  le quiz ⟶ les quiz
- nouns ending in -eau or -eu add -x:
  un château ⟶ des châteaux
  un jeu ⟶ des jeux

- most nouns in -ou add an -s, except the following words which add a -x:
  bijou, caillou, chou, genou, hibou, joujou, pou
- a few nouns change completely:
  un œil ⟶ des yeux   monsieur ⟶ messieurs

Compound nouns (made up of more than one element): check in a dictionary and learn them individually.
un grand-parent ⟶ les grands-parents
un porte-monnaie ⟶ les porte-monnaie

1.3 Determiners: definite & indefinite articles

The determiner (the word which introduces the noun) can tell you whether the noun is masculine (m.) or feminine (f.), singular (sing.) or plural (pl.).
The most common determiners are the definite article ('the') and the indefinite article ('a/an'):

	singular		plural
	m.	**f.**	**m. and f.**
the	le/l'	la/l'	les
a/an	un	une	des

- the indefinite article ('a/an', 'some', 'any'):
  un *ami*   **une** *école*   **des** *étudiants*

In a negative sentence, use *de/d'* instead of *un/une/des*:
Je n'ai pas de préjugés.   I have no prejudices.

The indefinite article isn't used in front of names of jobs:
Je voudrais être journaliste.   I'd like to be **a** journalist.

- the definite article ('the'): it is used more often in French than in English, eg: when making generalisations:
*Le sport est bon pour **la** santé.*
Sport is good for your health.

when stating likes and dislikes:
*Il aime **le** rap et mais il déteste **la** musique raï.*
He likes rap but hates raï.

with names of countries, regions and languages:
la *France*   **la** *Bretagne*   **le** *français*

with parts of the body
*J'ai **les** cheveux courts.*   I've got short hair.
*Il s'est blessé à **la** main.*   He hurt his hand.

Use *l'* instead of *le/la* for nouns that start with a vowel or a silent h:
***l'**hôtel* (m) ***l'**armoire* (f)
(but *le hockey*: check words beginning with h in a dictionary)

1.4   de + noun (partitive)

Remember:

de + le $\rightarrow$ **du**	de + la $\rightarrow$ **de la**	
de + l' $\rightarrow$ **de l'**	de + les $\rightarrow$ **des**	

Use *du, de la, de l'* or *des* before a noun when you want to say 'some' or 'any' or 'of the'.

In French, you can't leave out the partitive as you can in English.

Il a des frères et sœurs?

Has he got (any) brothers and sisters?

le déclin du mariage

the decline of marriage

- Use *de* + noun to show who (or what) something belongs to (see 5.2 for more on this):

  la maison de mon père

  my dad's house

- Use *de* on its own (not *du, de la, des*) in a negative phrase (see 12.2 for more on this):

  Je n'ai pas de frères.

  I haven't got any brothers.

NB: How do you know when to use *le/la/les* or *du/de la/des*?

If you can put 'some' or 'any' before the English noun, use *de/de la/des*:

Did you buy bread (any bread)?

Tu as acheté du pain?

If the noun is used in a general sense, and if 'some/any' doesn't sound right, use *le/la/les*:

I love French bread.

J'adore le pain français.

1.5   ce, cet, cette, ces + noun (demonstrative adjectives)

Ce, cet, cette, ces are the determiners you use to say 'this', 'that', 'these' or 'those'. Being adjectives, they change according to gender and number.

	singular	plural
masculine	ce/cet*	ces
feminine	cette	ces

* *cet* is used before masculine singular words that begin with a vowel or a silent h, e.g. *cet étage, cet hôtel*.

- To distinguish more clearly between 'this and that', or 'these and those', you can add *-ci* or *-là* after the noun:

  J'aime ce sweatshirt-ci mais je n'aime pas cette chemise-là.

  I like **this** sweatshirt but I don't like **that** shirt.

(See 6.11 for demonstrative pronouns: *celui-ci/là, celle-ci/là,* etc.)

1.6   mon, ma, mes (possessive adjectives)

These are determiners which indicate who the thing, person or object belongs to. In French, the word for 'my', 'your', 'his', 'her', etc. changes according to whether the noun which follows is masculine, feminine, singular or plural.

	singular		plural
	masculine	feminine	masculine or feminine
my	mon	ma*	mes
your (informal)	ton	ta*	tes
his/her	son	sa*	ses
our	notre	notre	nos
your (formal)	votre	votre	vos
their	leur	leur	leurs

* Before a feminine noun that begins with a vowel or silent h, use *mon, ton, son*, e.g. *mon amie, ton imagination, son histoire*.

J'habite avec ma mère. I live with my mother.

Je passe les week-ends chez mon père. I spend weekends with my father.

Sa sœur aime ton frère. His sister likes your brother.

Vous avez votre livre? Do you have your book?

See 6.10 for possessive pronouns: *le mien, la mienne,* etc.

See 1.4 for *de* + noun.

1.7   Other determiners (indefinite adjectives)

- *chaque*   each

  Chaque *élève a un entretien.*   Each student has an interview.

- *autre(s)*   other

  J'ai vu Sophie l'autre jour.   I saw Sophie the other day.

- *même(s)*   same

  J'ai le même CD.   I have the same CD.

◆ *n'importe quel(le)(s)* — any
*On trouve ça dans **n'importe quelle** encyclopédie.* — You can find it in any encyclopedia.

◆ *quelque(s)* — some, a few
*Il travaille avec **quelques** collègues.* — He's working with some colleagues.

◆ *plusieurs* — several
*Il a travaillé **plusieurs** mois en France.* — He worked in France for several months.

◆ *tout, toute, tous, toutes* — all
*Il a lu **tous** les livres de Pagnol.* — He's read all the Pagnol books.

●●●●●●●●●●●●●●●●●●●●●●●●●●●●●●●●●●●●●

2 Adjectives *les adjectifs*

2.1 Form of adjectives

Adjectives are words that are used to describe or 'qualify' something or someone. Many adjectives are formed from:

– nouns: *la tradition – traditionnel(le)*
– present participles: *vivre – vivant – vivant(e)*
– past participles: *classer – classé – classé(e)*

In French, adjectives have different endings depending on whether the words they describe are masculine or feminine, singular or plural:

	masculine	feminine
singular	–	-e
plural	-s*	-es

*no change in pronunciation

J'ai un ami intelligent. J'ai une amie intelligente.
J'ai des amis intelligents. J'ai des amies intelligentes.

◆ Adjectives which already end in *-e* don't need to add another one in the feminine (but they do add *-s* in the plural):
un frère timide   une sœur timide   des enfants timides

◆ Adjectives ending in a single consonant double it before adding *-e*:

	masculine	feminine
-el	naturel	naturelle
-il	gentil	gentille
-as	gras	grasse
-et	muet	muette
-en	ancien	ancienne

◆ Adjectives ending in these letters have other masculine/feminine patterns:

-er changes to *-ère*: *premier/première*

-x changes to *-se*: *capricieux/capricieuse, généreux/généreuse, heureux/heureuse* (exceptions: *faux/fausse, doux/douce*)

-eur changes to *-euse*: *menteur/menteuse* (exceptions which just add *-e*: *meilleur, extérieur, intérieur, supérieur, inférieur*)

-f changes to *-ve*: *créatif/créative*

-c changes to *-che* ou *-que*: *blanc/blanche, public/publique*

◆ Adjectives normally add an *-s* in the plural, though it is not pronounced.

Adjectives ending in *-x* don't add an *-s* in the plural:
un copain généreux, des copains généreux

Adjectives ending *-al* or *-eau* change to *-aux* in the plural:
un tarif normal, des tarifs normaux
beau/beaux, nouveau/nouveaux

◆ A few adjectives stay the same whether they are masculine or feminine, singular or plural: *sympa, super, marron* and compound colour adjectives:
un cousin sympa, une cousine sympa, des cousins sympa
un tee-shirt rouge foncé avec une jupe bleu clair

◆ Some adjectives have their own pattern:

m. singular	f. singular	m. plural	f. plural
beau*	belle	beaux	belles
nouveau*	nouvelle	nouveaux	nouvelles
long	longue	longs	longues
bon	bonne	bons	bonnes
fou*	folle	fous	folles
frais	fraîche	frais	fraîches
gros	grosse	gros	grosses
vieux*	vieille	vieux	vieilles

* These become *bel, nouvel, fol, vieil* before a masculine noun that starts with a vowel or silent h: *le nouvel an*

◆ Negative adjectives: Some adjectives have a negative equivalent, using a prefix:
(in-) croyable = incroyable
(im-) possible = impossible
(ir-) réel = irréel
(mé-) content = mécontent
(mal-) honnête = malhonnête

◆ Other adjectives are made negative by adding *peu* or
pas très:
intéressant – peu intéressant
dynamique – pas très dynamique

2.2 Position of adjectives

In French, most adjectives go <u>after</u> the noun:
*les yeux **bleus**, une partenaire **extravertie**,*
*un politicien **ambitieux***

Some adjectives come <u>before</u> the noun:
*un **nouveau** jean, la **jeune** fille, de **bonnes** idées*

grand*	petit	jeune	vieux	nouveau	ancien*
bon	mauvais	excellent	beau	joli	
gros	vrai	cher*	propre*	brave*	

* If placed after the noun, the meaning of these adjectives
is different:
mon cher ami/un repas cher
a dear friend/an expensive meal
un homme grand/un grand homme
a tall man/a great man
son ancienne maison/une maison ancienne
her previous house/an old house

Some adjectives, especially those with an abstract meaning,
can sometimes be placed before the noun to give them
more emphasis:
une croyance profonde / une profonde croyance   a deep belief

When there are several adjectives with one noun,
each adjective goes in its normal place:
*un **petit** chien **noir**; un **joli petit** chien **noir***
If there are two adjectives after the noun, they are linked
with *et*:
*un joli petit chien **noir et marron***

When there are two nouns, one feminine and one
masculine, being qualified by one adjective, the adjective
takes on the masculine plural form:
*une robe et un manteau **noirs***   a black dress and coat

See 1.5 for demonstrative adjectives (*ce/cette/ces*).
See 1.6 for possessive adjectives (*mon/ma/mes*, etc.).

3 Adverbs *les adverbes*

Adverbs are words which you use to describe a verb, an
adjective or another adverb. They can be divided into four
groups that describe:
how something happens (adverbs of manner)
where something happens (adverbs of place)
when something happens (adverbs of time)
and **to what extent** (adverbs of intensity).

3.1 Formation of adverbs

In English, most adverbs are made from an adjective + -ly
(e.g. soft/softly). To form French adverbs, you usually add
-*ment* to the feminine form of the adjective:
normal —> **normale** —> **normalement** (normally)
heureux —> **heureuse** —> **heureusement** (happily)

◆ If the adjective ends in a vowel, add -*ment* to the
masculine form:
timide —> *timidement*   *vrai* —> *vraiment*
exceptions: *nouveau* —> *nouvellement*   *fou* —> *follement*

◆ A few exceptions:
– change final -*e* to -*é* before adding -*ment*:
précis —> *précise* —> *précisément*; *énorme* —> *énormément*
– change final -*ent/ant* to -*emment/amment*:
prudent —> *prudemment*; *brillant* —> *brillamment*

– some are very irregular:
vite (quickly)   *bien* (well)   *mal* (badly)
gentiment (kindly)

– Adverbs of place, time and intensity are not usually
formed from adjectives. Here are a few common ones:
place: *ici, là, ailleurs, loin, dessus, dessous, dedans, dehors,
devant, derrière, partout*
time: *après, avant, toujours, hier, aujourd'hui, demain,
d'abord, enfin, parfois, souvent, tôt, tard*
intensity: *un peu, trop, très, tellement, assez, beaucoup,
combien, si, seulement, peu, presque, plus, moins*

*Je suis **très** fatiguée.*   I'm very tired.
*Il est **assez** timide.*   He's rather shy.
*Il parle **trop** vite.*   He speaks too fast.
*J'aime **beaucoup** le chocolat.*   I like chocolate a lot.
*Je n'aime **pas beaucoup** lire.*   I don't like reading much.
*On regarde **un peu** la télé le soir.*   We watch a bit of TV
at night.

3.2 Position of adverbs

Adverbs usually <u>follow</u> the verb:
*Elle aime **beaucoup** le cinéma.*   She likes cinema a lot.
*Elle y va **souvent**.*   She often goes there.

Adverbs often come <u>before</u> an adjective or another adverb:
*C'est un **très** beau film.*   It's a really good film.
*Je l'ai **vraiment** beaucoup aimé.*   I really loved it.

*J'aime **vraiment** beaucoup le cinéma italien.*
I really love Italian cinema.
*Il roulait **trop** vite.*   He was driving too fast.

In a compound tense, adverbs come between the auxiliary and the past participle:
*J'ai **poliment** demandé le chemin.*
I asked the way politely.
*Il a **mal** dormi.*   He slept badly.

But many adverbs of time and place follow the past participle:
*J'ai vu Annie **hier**.*   I saw Annie yesterday.
*Tu es parti **loin**?*   Did you go far?

4 Comparisons *la comparaison*

4.1 The comparative

To compare two things, use *plus*, *moins* or *aussi*:
plus + adjective/adverb + *que*   more … than
moins + adjective/adverb + *que*   less … than
aussi + adjective/adverb + *que*   as … as

◆ With an adjective:
*Julien est **plus** sportif **que** Florence.*
Julien is more sporty than Florence.
*La natation est **moins** populaire **que** le football.*
Swimming is less popular than football.
*Elle est **aussi** sportive **que** moi.*
She's as sporty as me.

Bon (good) and *mauvais* (bad) are exceptions:
bon —> *meilleur*   *mauvais* —> *pire*
*Les légumes sont **meilleurs** pour la santé **que** le chocolat.*
Vegetables are better for your health than chocolate.
*Le chocolat est **pire** que les légumes.*
Chocolate is worse than vegetables.

◆ With an adverb:
*Il parle **plus** lentement **que** le prof.*
He speaks more slowly than the teacher.

*Il parle anglais **moins** couramment **que** Marc.*
He speaks English less fluently than Marc.
*Il joue **aussi** mal **que** Sophie.*
He plays as badly as Sophie.

Bien (well) is an exception: *bien* —> *mieux*
*Il joue bien mais je joue **mieux** que lui.*
He plays well but I play better than him.

4.2 The superlative

To say 'the most' or 'the least', use *le*, *la* or *les* in front of *plus* or *moins* + adjective/adverb.

◆ With an adjective:
*C'est la destination de vacances **la plus populaire** chez les Français.*
It's the most popular holiday destination for French people.
*Commence par l'exercice **le moins difficile**!*
Start with the least difficult exercise.
*C'est en banlieue que nos associations sont **les plus actives**.*
It's in the suburbs that our associations are the most active.

Exceptions:
bon —> *le/la meilleur(e)*   *mauvais* —> *le/la pire*
*Elle a le **meilleur** mode de vie.*
She has the best lifestyle.
*Fumer des cigarettes, c'est la **pire** habitude que l'on puisse imaginer.*
Smoking cigarettes is the worst habit of all.

◆ With an adverb (always *le*, not *la* or *les*):
*C'est elle qui joue **le plus** fréquemment.*
She's the one who plays most often.
*C'est mon frère qui conduit **le moins** prudemment.*
My brother drives the least carefully.

Exception: *le mieux* (the best):
*Qui fait **le mieux** la cuisine?*
Who cooks **the best**?

4.3 *plus de, moins de, autant de* + noun

Use *plus de*, *moins de*, *autant de* to talk about 'more of/less of/fewer of/as much of' something.
*J'ai **plus d'expérience** que toi.*   I have more experience than you.
*Il a **moins d'argent** que moi.*   He has less money than me.
*Il a **autant de** patience que son père.*   He has as much patience as his father.

◆ Add *le/la/les* to *plus de/moins de* to talk about 'the most/the least/the fewest' of something.

*C'est moi qui ai **le plus** d'expérience.*	I'm the one who has the most experience.
*C'est elle qui a **le moins** de temps et pourtant elle travaille plus que nous.*	She's the one with the least time yet she does more than any of us.

5 Prepositions and linking words
prépositions et conjonctions

5.1 *à* (at, to, in, on)

◆ Talking about time:

*Il arrive **à** quatre heures.*	He's coming **at** four o'clock.

◆ Talking about a place:

*Il est allé **à** Strasbourg.*	He went **to** Strasbourg.
*J'habite **à la** campagne.*	I live **in** the countryside.
*Ils se retrouvent **au** théâtre.*	They're meeting **at the** theatre.

◆ Other uses:

à 10 kilomètres	10 kilometres **away**
à 10 minutes	10 minutes **away**
à pied/à vélo	**on** foot/**by** bicycle
à Noël	**at** Christmas

◆ Remember:

à + le → au *à + la → à la*
à + l' → à l' *à + les → aux*

Use *à l'* before a vowel or a silent h: *à l'église, à l'hôpital*

5.2 *de*

*Il vient **de** Paris.*	He comes **from** Paris
*Il téléphone **de** son travail.*	He's phoning **from** work.
*le livre **de** ma mère*	my mother**'s** book
*les vacances **de** Noël*	the Christmas holiday
de 8h à 17h	**from** 8 am till 5 pm

◆ Remember:

de + le → du *de + la → de la*
de + l' → de l' *de + les → des*

5.3 *en* (in, to)

◆ Talking about countries:

Most countries are feminine. To say 'in' or 'to' these countries, use *en*:

*Vous allez **en** France?*	Are you going **to** France?
*Ils vivent **en** Ecosse.*	They live **in** Scotland.

For masculine countries, use *au* instead (or *aux* if the country is plural):

*Cardiff est **au** pays de Galles.*	Cardiff is **in** Wales.
*Il est né **aux** Antilles.*	He was born **in the** West Indies.

◆ Talking about time:
en juin, en été, en 2001, en une heure

◆ Talking about transport:

en bateau	by boat

◆ Other uses:

en anglais	in English
en coton	made of cotton
en bleu	in blue
en vacances	on holiday
en désordre	in a mess
en forme	fit/in good form

See 6.6 for *en* as a pronoun.

5.4 Position

Some prepositions tell you the position of something:
devant (in front of), *derrière* (behind, at the back of), *entre* (between), *sur* (on, on top of), *sous* (under)

5.5 Other common prepositions

après l'école	after school
avant demain	before tomorrow
avec Sophie	with Sophie
chez moi	at/to my place/home
chez le docteur	at/to the doctor's
depuis trois ans	for three years
depuis 1987	since 1987
par le train	by train
par ici/là	this/that way
pendant les vacances	during the holidays
pendant deux ans	for two years
pour toi	for you
pour un an	for a year
sans toi	without you
sans regret	without any regret
vers 8 heures	at about 8 o'clock
vers Paris	near Paris

5.6 Linking words (conjunctions)

Some common linking words are:

◆ *alors*   then/so
   *Il n'est pas venu, **alors** je suis partie.*
   He didn't come, **so** I left.

◆ *donc*   therefore, so
   *Il y a moins d'emplois **donc** plus de chômage.*
   There are fewer jobs **so** more unemployment.

◆ *et*   and
   *Elle souffre du racisme **et** du sexisme.*
   She suffers from racism **and** sexism.

◆ *mais*   but
   *Il travaille **mais** il aimerait mieux étudier.*
   He's working **but** he'd rather study.

◆ *ou (bien)*   or
   *Il pense s'installer à Paris **ou** à Marseille.*
   He's thinking of settling down in Paris **or** Marseilles.

◆ *parce que*   because
   *La chambre était super **parce qu'**il y avait une jolie vue.*
   The room was great **because** there was a lovely view.

◆ *pourtant*   yet, although
   *J'aime dessiner et **pourtant** je suis nulle!*
   I like drawing and **yet** I'm useless at it!

◆ *puis*   then/next
   *Lisez le texte **puis** répondez aux questions.*
   Read the text **then** answer the questions.

◆ *quand*   when
   *Elle était contente **quand** elle a eu ses résultats.*
   She was happy **when** she got her results.

   Other conjunctions:
   car (then, so), *cependant* (however), *sinon* (if not),
   comme (as), *puisque* (since, as) *dès que* (as soon as),
   depuis que (since), *pendant que* (while)

◆ Some conjunctions must be followed by a verb in the
   subjunctive (see 9.3):
   bien que (although), *afin que* (so that), *pour que* (so that),
   à moins que (unless), *pourvu que* (provided that)
   *Elle a réussi **bien qu'elle n'ait** aucun diplôme.*
   She has succeeded although she has no qualifications.
   *Il n'aura pas le bac **à moins qu'il se mette** à travailler.*
   He won't pass the bac unless he starts working now.

6   Pronouns   *les pronoms*

A pronoun is a small word which is used instead of a noun,
a phrase or an idea. It helps to avoid repetition.
*J'ai parlé au directeur et **le directeur** a signé ma demande de
stage. Je vais envoyer **ma demande de stage** à Paris.* →
*J'ai parlé au directeur et **il** a signé ma demande de stage. Je vais
l'envoyer à Paris.*
I talked to the director. He (the director) signed my
application for a work placement. I'll send it (my
application) to Paris.

6.1   Subject pronouns

The subject of a verb tells you who or what is doing the
action of the verb. It can be a noun or a pronoun.
The French subject pronouns are:

I	= **je**	
	j'	in front of a vowel or a silent h, e.g. *j'aime/j'habite*
you =	**tu**	to a child, a friend or a relative
	vous	to an adult you are not related to, or more than one person
he =	**il**	for a boy or man
she =	**elle**	for a girl or woman
it =	**il**	if the thing it refers to is masculine
	elle	if the thing it refers to is feminine
we =	**nous**	*on* is used more than *nous* in conversation
	on	Use *on* when speaking or writing to friends. Use *nous* in more official French.
they =	**ils**	for masculine plural
	ils	for a mixed group (masculine + feminine)
	elles	for feminine plural
	on	for people in general

◆ *On* can mean 'you', 'we', 'they' or 'one'. It is followed
   by the same form of the verb as *il/elle*. In the perfect
   tense with *être*, the past participle is often plural.

   On peut travailler à 15 ans.
   You can have a job when you're 15.
   Au Québec, on parle français.
   In Quebec, they speak French.
   On s'est bien amusés.
   We enjoyed ourselves.

6.2 Direct object pronouns

A direct object pronoun replaces a noun that is the object of a verb. It has the action of the verb done to it 'directly'. The French direct object pronouns are:

me*	me
te*	you
le*	him, it (masculine)
la*	her, it (feminine)
nous	us
vous	you
les	them

*m', t' and l' before words that start with a vowel or a silent h

*Je connais **Ahmed**. Je vois souvent **Ahmed**.* –> *Je **le** vois souvent.*
I know Ahmed. I see Ahmed often. –> I see **him** often.

6.3 Indirect object pronouns

An indirect object pronoun replaces a noun (usually a person) that is the object of the verb, but linked to the verb by a preposition, usually *à* (or in English, 'to').

The French indirect object pronouns are:

me/m'	to me
te/t'	to you
lui	to him, to it (masculine)
lui	to her, to it (feminine)
nous	to us
vous	to you
leur	to them

*Tu parles **à Ahmed**? Je parle souvent **à Ahmed**.* –> *Je **lui** parle souvent.*

Do you speak to Ahmed? I speak to Ahmed often. –> I speak **to him** often.

You will need these pronouns after verbs such as:
dire à, donner à, parler à, demander à, répondre à

Some verbs take an indirect object in French but not in English, e.g. *téléphoner à quelqu'un*, to phone someone.

*Je **te** donnerai un peu d'argent de poche.*
I'll give **you** some pocket money.

*J'ai vu Alain et je **lui** ai demandé de venir me voir.*
I saw Alain and asked **him** to come and see me.

*Les profs sont sympa. On **leur** parle souvent.*
The teachers are nice. We often talk **to them**.

6.4 Reflexive pronouns

These are the French equivalent of 'myself, yourself, himself, herself, itself, ourselves, yourselves, themselves'. They are used to form reflexive verbs (see 7.2). In French, they are:

je	me/m'
tu	te/t'
il/elle/on	se/s'
nous	nous
vous	vous
ils/elles	se/s'

6.5 *y*

Y is used instead of *à* (or *en*) + the name of a place.
*Elle va **à la boucherie**. Elle **y** va.*
She goes **to the butcher's**. She goes **there**.
*On joue **au parc**. On **y** joue.*
People play **in the park**. People play **there**.

Y is also used instead of *à* + noun or *à* + infinitive, after a verb such as *penser à, s'attendre à* (see list of verbs followed by *à*, 7.1).

*Tu penses **à ton voyage**? Oui, j'**y** pense tout le temps.*
Do you think **about your trip**? Yes, I think **about it** all the time.
*Il s'attendait **à obtenir** de bonnes notes. Il s'**y** attendait, et il n'a pas été déçu.*
He expected to get good marks. He expected **it**, and he was not disappointed.

6.6 *en*

En replaces *du / de la / des* + a noun. It can mean 'some/any', 'of it/them'.

*Tu as **des devoirs** à faire? Oui, j'**en** ai. J'**en** ai trop.*
Do you have **any homework** to do? Yes, I have **some**. I have too much **of it**.
*Je voudrais **des pommes**. Désolé, il n'y **en** a plus.*
I'd like **some apples**. Sorry, there aren't **any** left.

En is also used instead of *de* + noun, after a verb such as *discuter de, se souvenir de*:
*Notez vos idées. Discutez-**en**.* Note down your ideas. Talk about them.

See 10 for *en* + present participle.

6.7 Position of object pronouns

Object pronouns normally come immediately before <u>the verb</u>:

Je les <u>aime</u> bien.	I like **them**.
Je lui <u>dis</u> tout.	I tell **him/her** everything.
J'y <u>vais</u> à pied.	I go **there** on foot.
J'en <u>voudrais</u> un peu.	I'd like **some**.

In a compound tense, the pronoun goes before the <u>avoir</u> or <u>être</u> part of the verb:

Je ne l'<u>ai</u> pas écouté.	I didn't listen to **him**.
Je leur <u>ai</u> donné mon adresse.	I gave my address to **them**.
Il y <u>est</u> déjà allé.	He's already been **there**.
J'en <u>ai</u> lu trois.	I've read three **of them**.

When there are two verbs together (a verb + an infinitive), the pronoun comes before <u>the infinitive</u>:

*Je vais **en** <u>prendre</u> un.*	I'll take one **of them**.
*Je ne peux pas **y** <u>aller</u>.*	I can't go **there**.
*Je voudrais **lui** <u>donner</u> ça.*	I'd like to give this **to him/her**.

When there are several object pronouns in the same sentence, they follow this order:

1	2	3	4	5
me te se nous vous	le la les	lui leur	y	en

Je te le donne.	I give **it to you**.
Je lui en ai parlé.	I've talked **to him/her about it**.

♦ Object pronouns with imperatives (see 9.1)
  With negative imperatives, the pronoun comes before the verb:
  *Ne **les** appelle pas!*   Don't ring **them**!

With positive imperatives, it comes after the verb and a hyphen is added:
*Appelle-**les**!*   Ring **them**!

With positive imperatives, *me* and *te* become *moi* and *toi*:
*Ne **me** parle pas de travail, parle-**moi** plutôt de vacances!*
Don't talk to me about work, talk to me about holidays!

With positive imperatives, columns 1 and 2 of the position grid are reversed:
*Donne-**le-moi**!*   Give it to me!

6.8 Emphatic pronouns

The French emphatic pronouns are:

moi	me, I
toi	you
lui	him, he
elle	her, she
nous	us, we
vous	you
eux	them (masculine), they
elles	them (feminine), they

Use an emphatic pronoun:

♦ to emphasize a subject pronoun:
  ***Moi**, je trouve que c'est normal. Et **toi**?*
  I think it's justified. What about you?
  *Vous aimez le sport? **Nous**, on adore ça.*
  Do you like sport? <u>We</u> love it.

♦ after prepositions like *devant*, *avec* and *chez*:
  *Il est devant **moi**.*
  He's in front of me.
  *Il travaillera avec **moi**.*
  He will be working with me.
  *Je vais chez **lui**.*
  I'm going to his place.

♦ after *c'est* and *ce sont*:
  *C'est **lui** qui me l'a dit.*
  It's him who told me.
  *Ce sont **elles** les responsables.*
  They are responsible.

♦ as a one-word answer to a question:
  *Qui joue du piano? **Moi**!*
  Who plays the piano? Me!

♦ in a comparison
  *Il est plus timide que **moi**.*
  He's shyer than me.

♦ to express possession
  *C'est **à toi** ou **à moi**?*
  Is it yours or mine?

6.9 Relative pronouns

Relative pronouns are used to link two parts of a sentence and avoid repetition.

qui	who, which, that
que	who, whom, which, that
où	where, when
dont	whose, of whom, of which
ce qui/ce que/ce dont	what
quoi	what
lequel	which

◆ Use *qui* when the noun to be replaced is the subject of the verb:

*J'ai **un frère**. **Mon frère** s'appelle Ahmed.* —>
*J'ai un frère **qui** s'appelle Ahmed.*
I have a brother who's called Ahmed.

◆ Use *que* when the noun to be replaced is the object of the verb:

*J'ai **un frère**. J'aime beaucoup **mon frère**.* —>
*J'ai un frère **que** j'aime beaucoup.*
I have a brother whom I love very much.

◆ Use *où* to mean 'where' or 'when':

*C'est là **où** j'habite.*
That's where I live.
*C'était le jour **où** je suis arrivé.*
It was the day when I arrived.

◆ Use *dont* to mean 'of whom' or 'whose' (usually with a verb followed by *de* before the noun):

*C'est le prof **dont** je t'ai parlé.*
It's the teacher I talked to you about.
*Le directeur, **dont** le bureau est au bout du couloir, n'est jamais là.*
The director, whose office is at the end of the corridor, is never there.

◆ Use *ce qui*, *ce que* and *ce dont* when there is no specific noun for the relative pronoun to refer to. It generally means 'what'. Use *ce qui* when 'what' refers to the subject of the verb; use *ce que* when it refers to the object of the verb. Use *ce dont* when the verb used is followed by *de*.

Ce qui se passe dans les banlieues m'inquiète.
What is happening in the suburbs worries me.
Je voudrais te remercier pour tout ce que tu as fait.
I'd like to thank you for all you did.

Prends mon dictionnaire. C'est ce dont tu as besoin pour faire cet exercice.
Take my dictionary. It's what you need to do this exercise.

◆ After a preposition, use *lequel, laquelle, lesquels, lesquelles*, a pronoun made up of the definite article + *quel* meaning 'which' (except when referring to people, when you generally use *qui*).

C'est une maladie contre laquelle on ne peut rien.
It's a disease against which we can't do anything.
On les a privé des droits pour lesquels ils s'étaient battus.
They have been deprived of the rights for which they fought.

but:

J'ai gardé contact avec les gens chez qui j'ai été au pair.
I've kept in touch with the people I was au pair with.

Note:

à + lequel = auquel
Ce sont des problèmes auxquels nous n'avions pas pensé.
These are problems which we hadn't thought of.

de + lequel = duquel
C'est le film à la fin duquel il a pleuré.
This is the film at the end of which he cried.

6.10 Possessive pronouns

Possessive pronouns in English are 'mine', 'yours', 'his', 'hers', 'ours', 'theirs'.
In French, the pronoun changes according to who owns the object and also according to whether the object is masculine, feminine, singular or plural.

	singular		plural	
	masculine	feminine	masculine	feminine
mine	le mien	la mienne	les miens	les miennes
yours	le tien	la tienne	les tiens	les tiennes
his/hers	le sien	la sienne	les siens	les siennes
ours	le nôtre	la nôtre	les nôtres	les nôtres
yours	le vôtre	la vôtre	les vôtres	les vôtres
theirs	le leur	la leur	les leurs	les leurs

*J'aime bien tes parents. **Les miens** m'énervent.*
I like your parents. **Mine** get on my nerves.
*Je ne m'entends pas avec ma sœur mais je m'entends bien avec **la tienne**.*
I don't get on with my sister but I get on well with **yours**.

6.11 Demonstrative pronouns

Demonstrative pronouns in English are used to say 'the one(s) which …', 'the one(s) belonging to …', or 'this one/that one', etc. In French, they include several different words: *celui, ce, cela, ça*.

◆ *Celui* changes to agree with the noun it replaces:

	singular	plural
masculine	celui	ceux
feminine	celle	celles

*J'aime bien mon pull mais je préfère **celui** de Paul.*
I like my pullover but I prefer Paul's.
*Je m'occupe des jeunes enfants, **ceux** qui ont moins de cinq ans.*
I look after the small children, those who are not yet five.

After *celui*, you can add *-ci* or *-là* for greater emphasis or to contrast two items:
*Je voudrais des sandales. **Celles-ci** ou **celles-là**?*
I'd like some sandals. These ones or those ones?

See 1.5 for demonstrative adjectives: *ce, cet, cette, ces* + noun with *-ci*, *-là*.

◆ *Ce/C'* is mostly used with the verb *être*.
Ce sont mes amis.   They are my friends.
C'est bon.   It's nice.

◆ *Cela* (meaning 'that/it') is often shortened to *ça*.
*Le ski? J'adore **ça**!*   Skiing? I love it.
***Ça/Cela** est facile à comprendre.*
That/It is easy to understand.

6.12 Indefinite pronouns

Commonly used indefinite pronouns are:
quelque chose (something), *quelqu'un* (someone), *tout/tous* (all), *autre(s)* (other), *chacun(e)* (each).

*Tu veux faire **quelque chose**?*	Do you want to do something?
*J'ai parlé à **quelqu'un**.*	I spoke to somebody.
*C'est **tout**?*	Is that all?
*Les élèves sont **tous** venus à la réunion.*	All the pupils came to the meeting.
*J'ai lu un livre de Camus. Je voudrais en lire un **autre**.*	I've read a book by Camus. I'd like to read another one.
*Donnez un livre à **chacun**.*	Give each person a book.

Other indefinite pronouns:
quelques-uns (some, a few), *plusieurs* (several), *certains* (some), *n'importe qui* (anyone), *n'importe quoi* (anything), *pas grand-chose* (not a lot)

7 Verbs: infinitive, reflexive verbs, impersonal verbs

7.1 The infinitive: *l'infinitif*

The infinitive is the basic, unconjugated form of a verb, e.g. *parler*, to speak.
Infinitives in French end with *-er*, *-ir*, *-re* or *-oir/-oire*, e.g. *écouter, choisir, prendre, pouvoir, boire*. The infinitive of a reflexive verb (see 7.2) includes *se* or *s'* at the beginning, e.g. *s'ennuyer*.
To use a verb in a sentence, you usually change the infinitive to another form (i.e. conjugate the verb), following patterns which you need to learn. Many verbs follow the same patterns (= regular verbs). Others have their own pattern (= irregular verbs).

Infinitives are used in several ways:

1 as nouns
   Travailler, quelle horreur!   Working, how horrible!

2 in instructions
   Mettre à four chaud.   Place in a hot oven.

3 after another verb
   Sometimes there are two verbs next to each other in a sentence. In French, the form of the <u>first verb</u> depends on who is doing the action, and the <u>second verb</u> is in the infinitive. Verbs that are often followed by an infinitive are:
   devoir, pouvoir, savoir, vouloir, falloir (il faut)
   adorer, aimer, détester, espérer, faillir, oser, préférer
   aller, entendre, faire, laisser, sembler, voir

   *On **doit** faire un exposé demain.*
   We must/have to do a presentation tomorrow.
   *Je **vais** voir un dentiste tous les six mois.*
   I go and see a dentist every six months.
   *Il **faut** passer un examen.*
   You have to take an exam.
   *Il ne **fait** pas attendre ses clients.*
   He doesn't make his patients wait.

4 verb + *à* + infinitive

These are some of the verbs followed by *à* and then an infinitive:

aider à, apprendre à, arriver à, s'attendre à, commencer à, consentir à, continuer à, se décider à, s'entraîner à, s'habituer à, hésiter à, inviter à, se mettre à, penser à, réussir à

*Il **se met à** <u>pleuvoir</u>.* It's starting to rain.

5 verb + *de* + infinitive

These are some of the verbs followed by *de* and then an infinitive:

accepter de, s'arrêter de, avoir envie/peur de, cesser de, choisir de, conseiller de, continuer de, décider de, demander de, dire de, empêcher de, envisager de, essayer de, éviter de, finir de, menacer de, être obligé de, oublier de, permettre de, promettre de, proposer de, refuser de, risquer de, suggérer de, venir de

*Il m'a **conseillé de** <u>continuer</u> mes études et j'ai donc **décidé** d'<u>aller</u> à l'université.*

He advised me to carry on with my studies so I've decided to go on to university.

6 *pour/sans/avant de* + infinitive

Use the infinitive after *pour* (to/in order to), *sans* (without), *avant de* (before):

*Je vais en France **pour** <u>apprendre</u> le français.*

I'm going to France to learn French.

*On ne peut pas progresser **sans** <u>connaître</u> la grammaire.*

You can't make progress without knowing grammar.

*Prenez votre temps **avant de** <u>répondre</u>.*

Take your time before answering.

7 *en train de* + infinitive

To say that something is happening at the time of speaking or writing, use *en train de* and an infinitive:

*Il est **en train de** <u>manger</u>.*

He's eating at the moment.

◆ The past infinitive: *l'infinitif passé*

A past infinitive is used after *après* to say 'after doing'/'having done' something. It is made up of *avoir* or *être* and a past participle (see 8.3).

*Après **avoir mangé**, il est parti.*

Having eaten, he left.

*Après **être rentrées**, mes sœurs ont bu un café.*

After they came back, my sisters drank a coffee.

7.2 Reflexive verbs: *les verbes pronominaux*

Reflexive verbs need an extra pronoun between the subject and the verb.

subject	pronoun	verb	
je	me	lève	I get myself up/I get up.
je	m'	habille	I dress myself/I get dressed.

The reflexive pronoun changes according to the subject it goes with (see 6.4):

je	+ me/m'	nous	+ nous
tu	+ te/t'	vous	+ vous
il/elle/on	+ se/s'	ils/elles	+ se/s'

The verb changes like any other verb. For example, *s'amuser* (to enjoy oneself) in the present tense:

je m'amuse	I enjoy myself
tu t'amuses	you enjoy yourself
il/elle/on s'amuse	he/she/it enjoys himself/herself/itself
nous nous amusons	we enjoy ourselves
vous vous amusez	you enjoy yourselves/yourself
ils/elles s'amusent	they enjoy themselves

Some common reflexive verbs:

se lever, se laver, se brosser les dents, se coucher, se reposer s'amuser, s'ennuyer, se décider à, s'en aller, se mettre à

◆ Negative form of reflexive verbs

In negative sentences, the negative expression goes around the pronoun as well as the verb.

*On **ne** s'ennuie **pas** ici.*   You don't get bored here.

*Je **ne** me couche **jamais** tôt.*   I never go to bed early.

◆ In questions, the reflexive pronoun stays in the normal place in front of the verb:

*Tu **te** couches à quelle heure? / A quelle heure **te** couches-tu?*

At what time do you go to bed?

◆ Imperative form of reflexive verbs

In a positive imperative, *te* changes to *toi* and the pronoun goes <u>after</u> the verb:

*Couche-**toi**!*   Go to bed.

*Habille-**toi**!*   Get dressed.

In a negative imperative, the pronoun does not change and remains before the verb:

*Ne **te** couche pas!*   Don't go to bed.

*Ne **t'**habille pas!*   Don't get dressed.

◆ Perfect tense of reflexive verbs
Reflexive verbs always make their perfect tense with *être* (so the past participle must agree with the subject of the verb). The pronoun stays in front of the verb:
Je me suis réveillé(e) à six heures.
I woke up at six o'clock.
Les enfants se sont couchés. The children went to bed.
Sophie s'est bien amusée. Sophie had a good time.

7.3 Impersonal verbs: *les verbes impersonnels*

The impersonal verbs are those that are only used in the 3rd person singular (the *il* form).
The most common ones are:
il y a, il reste, il manque
il faut, il vaut mieux, il s'agit de, il paraît que, il suffit de
weather phrases – *il pleut, il neige, il fait beau / mauvais / nuageux*, etc.

Il reste trois questions à faire.
There are three questions left to do.
Il s'agit de la période coloniale française.
It's about the French colonial period.
Il suffit de bien réfléchir.
You just have to think carefully.

• •

8 Verb tenses
le temps des verbes

The tense of a verb tells you when the action takes place – in the past, present or future.

As well as the verb tense, certain words or phrases can indicate whether an action is past, present or future.

Past:

hier	yesterday
le week-end passé / dernier	last weekend
la semaine dernière	last week
l'année dernière	last year
il y a deux ans	two years ago

Present:

en ce moment	at the moment
maintenant	now
aujourd'hui	today

Future:

dans un instant	in a moment
dans cinq minutes	in five minutes
bientôt	soon
demain	tomorrow
la semaine prochaine	next week

8.1 The present tense: *le présent*

◆ Usage
Use the present tense to refer to an action or a fact:
1 which is taking place now
Je vais au cinéma. I am going to the cinema.

2 which takes place regularly
Je vais au cinéma le lundi.
I go to the cinema on Mondays.

3 which started in the past and carries on in the present (in English, 'have been –ing')
J'habite tout près du cinéma depuis trois ans.
I've been living near the cinema for three years.

4 which will happen in the near future
Je vais au cinéma demain.
I'm going to the cinema tomorrow.

5 which relates to historical events, bringing them to life
Louis et Auguste Lumière inventent le cinématographe en 1895.
Louis and Auguste Lumière invented cinema in 1895.

6 which refers to something timeless or "universal"
La Lune tourne autour de la Terre.
The moon goes around the Earth.

◆ *en train de* + infinitive
Use this instead of the present tense to emphasize that something is happening at the time of talking or writing:
– *C'est quoi, ce bruit? – Ils sont en train de refaire la chaussée.*
– What's that noise? – They're (in the process of) resurfacing the road.

◆ *depuis* + present tense
Depuis can usually be translated as 'since' or 'for'. Use it to talk about what has been and still is going on. In English, the verb stresses the past, but in French the verb stresses the present.

J'habite au Canada depuis 1999.
I have been living in Canada since 1999 (and I still do).
Ma sœur est infirmière depuis deux ans.
My sister has been a nurse for two years (and still is).

When the action lasted for some time but is now over, *depuis* is used with the imperfect tense:
On habitait à Paris depuis un mois quand mon père a été nommé à Londres.
We had been living in Paris for a month when my father was given a post in London.

◆ Formation
Verb endings change according to who is doing the action:
Je regarde la télé. **Nous regardons** la télé.
I watch TV. We watch TV.

In the present tense, most French verbs follow the same pattern, i.e. they have regular endings.
– for verbs that end in *-er*, like *aimer*:

j'	aim**e**	nous	aim**ons**
tu	aim**es**	vous	aim**ez**
il/elle/on	aim**e**	ils/elles	aim**ent**

Main exception: *aller*

– for verbs that end in *-ir*, like *choisir*:

je	chois**is**	nous	chois**issons**
tu	chois**is**	vous	chois**issez**
il/elle/on	chois**it**	ils/elles	chois**issent**

Other regular *-ir* verbs: *finir, remplir*

– for verbs that end in *-re*, like *vendre*:

je	vend**s**	nous	vend**ons**
tu	vend**s**	vous	vend**ez**
il/elle/on	vend	ils/elles	vend**ent**

Other regular *-re* verbs: *attendre, descendre, répondre*

◆ Irregular verbs in the present tense
Some verbs do not follow these regular patterns and are very irregular. Look at the tables on pages 139–143 for some of the most useful ones. They include:
aller, avoir, connaître, croire, devoir, dire, écrire, être, faire, mettre, lire, prendre, recevoir, rire, savoir, tenir, venir, vivre, voir

Some verbs are almost regular, but have small spelling changes.

1 Verbs ending in *-cer* (like *commencer*) add a cedilla to the *c* when it comes before an *a* or an *o* (to keep the sound soft): *nous commençons.*

2 Verbs ending in *-ger* (like *manger*) add an *e* after the *g* before an *a* or an *o* (to keep the sound soft): *nous mangeons.*

3 Verbs ending in *-eler* (like *s'appeler*) or *-eter* (like *jeter*) double the *l* or *t*, except for the *nous* and *vous* forms: *je m'appelle, nous nous appelons, tu jettes, vous jetez.*

4 Verbs ending in *-e* + consonant + *er* (like *acheter*) change the final *e* of the stem to *è*, except for the *nous* and *vous* forms: *j'achète, nous achetons.*

5 Verbs ending in *-é* + consonant + *er* (like *espérer*) change the final *e* of the stem to *è*, except for the *nous* and *vous* forms: *j'espère, nous espérons.*

6 Verbs ending in *-ayer, -oyer, -uyer* (like *payer, envoyer, s'ennuyer*) change the *y* to *i*, except for the *nous* and *vous* forms: *je paie, nous payons, tu envoies, vous envoyez.*

8.2 The perfect tense: *le passé composé*

◆ Usage
A verb in the perfect tense describes a completed action which happened in the past. It is used in conversations, letters and informal narratives.
There is more than one way to translate the perfect tense in English:
J'ai mangé *une pomme.*
I ate an apple. <u>or</u> **I have eaten** an apple.
Ils sont venus *me voir.*
They came to see me. <u>or</u> **They have come** to see me.

◆ Formation
The perfect tense is made up of two parts: the present tense of *avoir* or *être* + the past participle of the main verb. See 8.3, 8.4, 8.5 and 8.6 for details.
See 12.6 for the perfect tense with negative forms.

8.3 The past participle: *le participe passé*

The past participle is used in the perfect tense and some other compound tenses (see 8.10, 8.14 and 9.3).
The regular pattern to obtain a past participle is to take the infinitive of the verb and change the ending:

◆ infinitives ending *-er*:   take off the *-er* and add *-é*
mang~~er~~ → mangé   parl~~er~~ → parlé

- infinitives ending *-ir*:   take off the *-ir* and add *-i*
  chois~~ir~~ $\rightarrow$ *choisi*   sort~~ir~~ $\rightarrow$ *sorti*

- infinitives ending *-re*:   take off the *-re* and add *-u*
  vend~~re~~ $\rightarrow$ *vendu*   descend~~re~~ $\rightarrow$ *descendu*

There are exceptions to these rules and you will need to learn them by heart.

Some common irregular past participles:

avoir → eu   être → été

mettre → mis   prendre → pris

conduire → conduit   dire → dit   écrire → écrit   faire → fait

lire → lu   courir → couru   tenir → tenu   venir → venu

voir → vu   pleuvoir → plu   recevoir → reçu

boire → bu   croire → cru

devoir → dû   pouvoir → pu   savoir → su   vouloir → voulu

ouvrir → ouvert   rire → ri   suivre → suivi

naître → né   vivre → vécu   mourir → mort

8.4   *avoir* + past participle

Most verbs take *avoir* + past participle in the perfect tense.

	avoir	past participle	
j'	ai	chanté	(I sang/have sung, etc.)
tu	as	chanté	
il	a	chanté	
elle	a	chanté	
on	a	chanté	
nous	avons	chanté	
vous	avez	chanté	
ils	ont	chanté	
elles	ont	chanté	

(See 8.6 for agreement of the past participle with *avoir*.)

8.5   *être* + past participle

Some verbs make their perfect tense with *être* rather than *avoir*. They are mostly verbs that indicate movement. Try learning them in pairs:

arriver/partir	to arrive/to leave
entrer/sortir	to go in/to go out
aller/venir	to go/to come
monter/descendre	to go up/to go down
tomber/rester	to fall/to stay
naître/mourir	to be born/to die

All reflexive verbs make their perfect tense with *être* (see 7.2); so do any of the verbs just listed, with re- or de- added in front, e.g. *revenir* (to come back), *rentrer* (to go home), *devenir* (to become).

	être	past participle	
je	suis	sorti(e)	(I went out/have gone out)
tu	es	sorti(e)	
il	est	sorti	
elle	est	sortie	
on	est	sorti(e)(s)	
nous	sommes	sorti(e)s	
vous	êtes	sorti(e)(s)	
ils	sont	sortis	
elles	sont	sorties	

8.6   Agreement of the past participle

- With *être*
  The ending of the past participle changes when it comes after *être* in the perfect tense. It agrees with whoever or whatever is doing the action: masculine or feminine, singular or plural.
  *Paul: "Je suis **allé** en France."*
  *Anne: "Je suis **allée** en France."*
  *prof: "Paul et Anne, vous êtes **allés** en France?"*
  *Paul + Anne: "Oui, nous sommes **allés** en France. On est **allés** en France."*
  *prof: "Anne et Lucie, vous êtes **allées** en France?"*
  *Anne + Lucie: "Oui, nous sommes **allées** en France. On est **allées** en France."*

- With *avoir*
  The past participle doesn't normally change when it comes after *avoir* in the perfect tense.
  One case when it does change, so that you need to add an *-e* for a feminine and an *-s* for a plural, is when a direct object comes <u>before</u> the verb.

  – *Marc a acheté <u>une veste</u>.*
  The direct object (*une veste*) comes after the verb *a acheté*, so there is no agreement of the past participle.

  – *Où est <u>la veste</u> que Marc a achetée? Je ne l'ai pas vue.*
  The direct object (*la veste*) comes <u>before</u> the verb *a achetée*, and the direct object pronoun *l'* (replacing *la veste*) comes <u>before</u> the verb *ai vue*, so the past participle agrees with it each time (*achetée, vue*). (Note that this agreement doesn't apply to indirect objects.)

8.7 The imperfect tense: *l'imparfait*

◆ Usage

The imperfect tense is used:

1 to describe what something or someone was like in the past:

Quand elle était petite, elle avait les cheveux blonds.

When she was little, she had fair hair.

La maison où j'habitais était grande et moderne.

The house I used to live in was large and modern.

2 to describe continuous actions or interrupted actions in the past:

Il était assis et il écoutait la radio.

He was sitting down and he was listening to the radio.

Mon frère faisait ses devoirs quand je suis arrivée.

My brother was doing his homework when I arrived.

3 to describe something that happened frequently in the past:

Je commençais à huit heures tous les matins.

I used to start at eight o'clock every morning.

On allait voir ma grand-mère le dimanche.

We used to go and visit my grandmother on Sundays.

4 after *si* in suggestions:

Si on allait à la piscine?

How about going to the swimming pool?

5 in conditional sentences:

Si tu travaillais plus, tu aurais de meilleurs résultats.

If you worked harder, you'd get better results.

6 in reported speech (to report the present tense):

Pierre: "Je n'aime pas l'informatique".

Hier, Pierre a dit qu'il n'aimait pas l'informatique.

Yesterday, Pierre said he didn't like computer studies.

◆ Formation

To form the imperfect tense, start with the verb stem: take the *nous* form of the present tense, remove the *-ons* and add the endings listed below.

regarder —> *nous regardons* —> *regard-*

aller —> *nous allons* —> *all-*

faire —> *nous faisons* —> *fais-*

voir —> *nous voyons* —> *voy-*

The only exception:

être —> (*nous sommes*) —> *ét-*

Then add the correct ending according to who is doing the action. They are the same for all the verbs.

	(ending)	faire	commencer	être
je	-ais	faisais	commençais	étais
tu	-ais	faisais	commençais	étais
il/elle/on	-ait	faisait	commençait	était
nous	-ions	faisions	commencions	étions
vous	-iez	faisiez	commenciez	étiez
ils/elles	-aient	faisaient	commençaient	étaient

Verbs like *manger* that add an extra *-e* in the *nous* form of the present tense, and verbs like *prononcer* that change the *c* to a *ç*, keep those changes in the imperfect before an *a*. This keeps the soft sound of the *g* or *c*. So, *je mangeais* (I was eating), *je commençais* (I was starting).

8.8 Perfect or imperfect?

It can be quite difficult deciding whether to use the perfect or imperfect tense.

◆ Use the perfect if you are talking about one particular event which took place at a particular time in the past, and which can still have implications in the present:

Je suis allée à Paris en avion.

I went to Paris by plane.

J'ai mangé une pomme (et je n'ai plus faim).

I ate/I've eaten an apple.

◆ Use the imperfect if you are <u>describing</u> how something was or <u>giving your opinion</u> in the past, or if you are talking about what <u>used to</u> happen or what happened <u>regularly</u> in the past, stressing the duration:

La leçon était un peu dure mais super!

The lesson was a bit hard but great!

Elle se levait à sept heures tous les jours.

She got up/used to get up at 7.00 every day.

Les touristes arrivaient par petits groupes tout au long de la journée.

Tourists were arriving in small groups all day long.

See the last section of 8.1 for *depuis* + imperfect.

8.9 *venir de* + infinitive

To say that you 'have just done' something, use the present tense of *venir* + *de* + an infinitive.

Je viens de prendre une douche.   I have just had a shower.

Nous venons de laisser un message.   We have just left a message.

To say that you 'had just done' something, use *venir* in the imperfect tense, followed by *de* + infinitive.
*Il **venait de** sortir quand son patron a téléphoné.*
He had just gone out when his boss rang.

8.10 The pluperfect tense: *le plus-que-parfait*

◆ Usage
The pluperfect is used to refer to an event or action that <u>had taken place</u> before some other event in the past.
*Je suis arrivée trop tard, mes copains **étaient** déjà **partis**.*
I arrived too late, my friends had already left.
*Ils **s'étaient** bien **préparés** pour l'entretien.*
They had prepared well for the interview.

The pluperfect is also used in reported speech (to report the perfect tense).
*Le prof m'a dit qu'il m'**avait donné** une bonne note.*
The teacher told me that he had given me a good mark.

◆ Formation
The pluperfect is a compound tense, like the perfect tense, and is also made up of *avoir* or *être* – but in the <u>imperfect</u> tense – and a past participle.
(See 8.3 for past participles and 8.6 for agreements.)

with avoir	with être
j'avais chanté (I had sung, etc.)	j'étais allé(e) (I had gone, etc.)
tu avais chanté	tu étais allé(e)
il/elle/on avait chanté	il/elle/on était allé(e)(s)
nous avions chanté	nous étions allé(e)s
vous aviez chanté	vous étiez allé(e)(s)
ils/elles avaient chanté	ils/elles étaient allé(e)s

8.11 The past historic: *le passé simple*

◆ Usage
The past historic is used in historical and literary texts, newspapers and magazines, where the perfect tense would be used in everyday language. The *il/elle* and *ils/elles* forms are used most often.
*Louis XIV **régna** de 1643 à 1715. Il **fut** roi de France pendant 72 ans.*
Louis XIV reigned from 1643 to 1715. He was King of France for 72 years.
*Ils **se levèrent** et **partirent** ensemble.*
They got up and left together.

*Ils **vécurent** heureux et **eurent** beaucoup d'enfants.*
They lived happily and had many children. (≈ "They lived happily ever after".)

◆ Formation
The past historic is formed from a stem (the infinitive of a verb minus the *-er/-ir/-re* ending) and the following endings:

	-er verbs	*-re/-ir* verbs
je	-ai	-is
tu	-as	-is
il/elle/on	-a	-it
nous	-âmes	-îmes
vous	-âtes	-îtes
ils/elles	-èrent	-irent

A good number of irregular *-re* and *-oir* verbs share a characteristic pattern of endings: *-us/-us/-ut/-ûmes/-ûtes/-urent*.

Many common verbs are irregular:
avoir j'eus, tu eus, il eut, nous eûmes, vous eûtes, ils eurent
être je fus, tu fus, il fut, nous fûmes, vous fûtes, ils furent
venir je vins, tu vins, il vint, nous vînmes, vous vîntes, ils vinrent

8.12 The future tense: *le futur simple*

◆ Usage
Use the future tense:
1 to describe plans for the future:
*Quand il **sera** en retraite, il **ira** habiter en France.*
When he retires, he'll go and live in France.

2 to say what you think the future will be:
*Dans moins de 10 ans, tout le monde **aura** accès à l'Internet.*
In less than 10 years' time, everyone will have access to the Internet.

3 to say what will happen if …:
*Si j'ai mon bac, **j'irai** à l'université.*
If I pass the bac, I'll go to university.

4 to give an order:
*Vous **ferez** une rédaction sur le thème de la pollution.*
You'll write an essay on pollution.

5 to describe what will happen when …
or as soon as …:
In French, you use a future tense (not a present tense as in English) after *quand* or *dès que*:
*Quand ils **arriveront**, on se **mettra** tout de suite à table.*
When they arrive, we'll eat straight away.

*Dites-lui de me contacter dès qu'il **aura** ses résultats.*
Tell him to contact me as soon as he has his results.

◆ Formation
To form the future tense, add these endings to the
<u>infinitive</u> of regular verbs (if the infinitive ends in *-e*, take
that off first):

	(ending)	regarder	répondre
je	-ai	regarderai	répondrai
		(I will look, etc.)	(I will answer, etc.)
tu	-as	regarderas	répondras
il/elle/on	-a	regardera	répondra
nous	-ons	regarderons	répondrons
vous	-ez	regarderez	répondrez
ils/elles	-ont	regarderont	répondront

Common irregular verbs:

aller	j'irai		il faut	il faudra
avoir	j'aurai		pouvoir	je pourrai
devoir	je devrai		savoir	je saurai
envoyer	j'enverrai		venir	je viendrai
être	je serai		voir	je verrai
faire	je ferai		vouloir	je voudrai

Some verbs have small spelling changes:
– verbs ending in *-eler* double the *-l*:
  appeler   j'appellerai, nous appellerons
– verbs ending in *-e* + consonant + *er* change the first *e*
  to *è*:
  acheter   j'achèterai, nous achèterons
– verbs in *-ayer, -oyer, -uyer* change the *y* to *i*:
  payer   je paierai, nous paierons
  nettoyer   je nettoierai, nous nettoierons
  essuyer   j'essuierai, nous essuierons

8.13   Other ways to talk about the future

◆ *aller* + infinitive: *le futur proche*
Use the present tense of *aller* followed by an infinitive
to talk about something that is sure to happen in the
near future.
Je vais regarder *le film ce soir.*
I'm going to watch the film tonight.
Il va travailler *ce week-end.*
He's going to work this weekend.

◆ *je voudrais/j'aimerais/je pense/j'envisage de* + infinitive
To talk about future plans which are not certain,
i.e. wishes, ambitions or dreams:

Je voudrais rentrer dans l'armée de l'air.
I would like to join the airforce.
J'aimerais aller à Paris le week-end prochain.
I'd like to go to Paris next weekend.
Je pense acheter un vélo cet été.
I'm planning to buy a bike this summer.

◆ The present tense
Use the present tense to refer to an event in the very near
future or to something which is more than probable.
Tu sors ce soir? – Oui, je retrouve Annie en ville.
Are you going out tonight? – Yes, I'm meeting Annie in
town.
Je vais à l'université de Leeds l'année prochaine.
I'm going to Leeds University next year.

8.14   The future perfect: *le futur antérieur*

This is used to refer to something that will have taken place
before something else in the future. It is made up of *avoir* or
être in the <u>future tense</u> and a past participle.

*Est-ce qu'il **aura fini** de travailler quand la fête commencera?*
Will he have finished working when the party starts?
*Je **serai partie** quand il arrivera.*
I'll have left by the time he arrives.

9   Verbs: imperative, conditional, subjunctive

9.1   The imperative: *l'impératif*

◆ Usage
The imperative is used to:
1 give orders:
  Viens *ici!*   Come here!
2 give instructions:
  Mélangez *les œufs et la farine.*   Mix the eggs and
                                           the flour.
3 give advice and make suggestions:
  Va *au cinéma si tu t'ennuies.*   Go to the cinema if
                                         you're bored.
  Essayez *de manger quelque chose.*   Try eating
                                            something.
  Allons *voir Catherine.*   Let's go and see Catherine.

◆ Formation
Simply leave out the subject pronouns *tu* or *vous* (or *nous*,
but this is used less often) in the present tense of the
verbs. For *-er* verbs, leave out the final *-s* in the *tu* form.

Tu éteins la télé.	***Eteins** la télé!*	Switch the TV off.	
Tu restes ici.	***Reste** ici!*	Stay here.	
Vous venez avec moi.	***Venez** avec moi!*	Come with me.	
Nous y allons tous.	***Allons**-y tous!*	Let's all go!	

Most verbs are regular, except a few:

avoir   *aie, ayez (ayons)*

être   *sois, soyez (soyons)*

savoir   *sache, sachez (sachons)*

◆ Negative imperatives

To tell someone **not** to do something, put *ne ... pas* round the command:

Ne regarde pas!	Don't look!
Ne touchez pas!	Don't touch!

For reflexive verbs in the imperative, see 7.2.

9.2 The conditional: *le conditionnel*

◆ Usage

The present conditional is used:

1 to express a wish or make a suggestion:

*Je **voudrais** travailler dans un bureau.*

I'd like to work in an office.

*Elle **devrait** faire des études à l'étranger.*

She should go and study abroad.

*Je **prendrais** bien un café.*

I'd quite like to have a coffee.

2 to make a polite request:

***Pourriez**-vous me dire où est la mairie?*

Could you tell me where the town hall is?

3 to refer to an action which depends on another event or situation:

*J'**irais** chercher les enfants si j'avais une voiture.*

I'd go and pick up the children if I had a car.

◆ Formation

Use the same stem as for the future tense (the infinitive of the verb, dropping the *-e* in *-re* verbs) and add endings which are the same as for the imperfect tense (see 8.7).

	(ending)	finir	prendre
je	-ais	finirais	prendrais
		(I would finish, etc.)	(I would take, etc.)
tu	-ais	finirais	prendrais
il/elle/on	-ait	finirait	prendrait
nous	-ions	finirions	prendrions
vous	-iez	finiriez	prendriez
ils/elles	-aient	finiraient	prendraient

Common irregular verbs:

aller	*j'irais*	*il faut*	*il faudrait*
avoir	*j'aurais*	*pouvoir*	*je pourrais*
devoir	*je devrais*	*savoir*	*je saurais*
envoyer	*j'enverrais*	*venir*	*je viendrais*
être	*je serais*	*voir*	*je verrais*
faire	*je ferais*	*vouloir*	*je voudrais*

◆ The past conditional: *le conditionnel passé*

This is used to say something would have happened given certain circumstances (but actually didn't happen). It is a compound tense, formed from the <u>conditional</u> of *avoir* or *être* and a past participle.

*Nous **aurions gagné** le match si ...*

We would have won the match if ...

*Il **serait venu** s'il avait pu.*

He would have come if he could.

The past conditional of *devoir* and *pouvoir* are useful forms to say that something should or could have been done

*J'**aurais dû** y aller.*	I should have gone.
*Vous **auriez pu** participer.*	You could have taken part.

9.3 The subjunctive: *le subjonctif*

◆ Usage

The subjunctive is used to express what you think, what you feel, what you wish, and how you consider events and actions (uncertain, possible, probable, impossible, etc.).

The verbs usually appear in a subordinate clause, the second part of a sentence, introduced by *que*. There are several tenses of the subjunctive, but the present and perfect subjunctive are the most commonly used.

It is used:

1 after many verbs expressing an emotion or an opinion:

– doubt or fear: *douter que, avoir peur que, ne pas être sûr que*, ne pas penser que**, etc.

*Je ne pense pas qu'il **vienne** ce soir.*

I don't think he'll come tonight.

* These verbs don't need a subjunctive if used in a positive statement, without the *ne ... pas*, e.g. *je pense qu'il **vient** ce soir.*

– wish, will, necessity: *vouloir que, ordonner que*

*Je voudrais que tu **partes** avec moi.*

I'd like you to go away with me.

*Le docteur ordonne que vous **restiez** au lit.*
The doctor orders you to stay in bed.

– regret and happiness: *regretter que, être content que*
*Ils regrettent que tu ne **sois** pas là.*
They're sorry you are not here.
*Moi, je suis contente qu'elle **soit** loin.*
I'm happy that she's far away.

2 after impersonal expressions such as *il faut que, il est possible que, il est important que*:
*Il faut que tu **ailles** à la poste.*
You must go to the post office.

3 after certain conjunctions expressing:
– time: *avant que* (before), *jusqu'à ce que* (until)
*Je veux partir avant qu'il **rentre**.*
I want to leave before he comes back.

– concession: *bien que* (although), *quoique* (although)
*Il est resté très simple bien qu'il **soit** très riche.*
He's remained simple although he's very rich.

– aim: *afin que* (so that), *pour que* (so that)
*Je fais ça pour que tu **ailles** mieux.*
I'm doing this so that you get better.

– condition: *à condition que* (on condition that), *pourvu que* (provided that), *à moins que* (unless)
*J'irai à la cérémonie à condition que tu **viennes** avec moi.*
I'll go to the ceremony provided you come with me.

4 after a relative pronoun (*qui* or *que*) when it follows a superlative or a negative:
*C'est le plus joli bébé que je **connaisse**.*
He's the prettiest baby I know.
*Je n'ai rien qui **puisse** t'aider.*
I don't have anything that could help you.

◆ Formation
To form the present subjunctive, take the *ils* form of the present tense, leave off the final *-ent* and add these endings:

	(ending)	aimer	finir
je	**-e**	que j'aime	que je finisse
tu	**-es**	que tu aimes	que tu finisses
il/elle/on	**-e**	qu'il aime	qu'il finisse
nous	**-ions**	que nous aimions	que nous finissions
vous	**-iez**	que vous aimiez	que vous finissiez
ils/elles	**-ent**	qu'ils aiment	qu'ils finissent

Common irregular verbs (see the verb tables for these in full):

aller	*que j'aille, nous allions*
avoir	*que j'aie, nous ayons*
croire	*que je croie, nous croyons*
devoir	*que je doive, nous devions*
écrire	*que j'écrive, nous écrivions*
être	*que je sois, nous soyons*
faire	*que je fasse, nous fassions*
pouvoir	*que je puisse, nous puissions*
prendre	*que je prenne, nous prenions*
recevoir	*que je reçoive, nous recevions*
savoir	*que je sache, nous sachions*
venir	*que je vienne, nous venions*
voir	*que je voie, nous voyions*
vouloir	*que je veuille, nous voulions*

◆ **The perfect subjunctive**
This is a compound tense formed from the <u>present subjunctive</u> of *avoir* or *être* and a past participle. It refers to something which has (perhaps) happened.
*Il est possible qu'elle **soit** déjà **partie**.*
It's possible she's already left.
*Je ne suis pas certain qu'elle **ait pu** tout finir hier soir.*
I'm not certain she managed to finish it all last night.

◆ **The imperfect subjunctive**
This is rarely used, but you need to be able to recognize it in formal written French, like the past historic (see 8.11).
To form it, start with the *il/elle* form of the past historic, remove the *-t-* from *-ir* and *-re* verbs, and add these endings:
-sse, -sses, -^t, -ssions, -ssiez, -ssent

avoir	*que j'eusse, qu'il eût*
être	*que je fusse, qu'elles fussent*
faire	*que je fisse, qu'ils fissent*
finir	*que je finisse, que tu finisses*

◆ **The pluperfect subjunctive**
This is used only in literary French. It is formed from the imperfect subjunctive of *avoir* or *être* and a past participle.

*Il douta qu'elle **fût allée** voir son père seule.*
He doubted that she would have gone to visit her father alone.

10 The present participle
le participe présent

◆ Usage
You recognize a present participle by the *-ant* ending which corresponds to '-ing' in English.
Use it to:

1 indicate that two actions are simultaneous ('while/on doing' something), with *en*:
*Je lis mon journal (tout) **en mangeant**.*
I read my paper while eating.
*Il est parti en la **regardant**.*
(While) watching her, he left.

2 say how something is done ('by doing' something), with *en*:
*Il nous remonte le moral **en faisant** le clown.*
He makes us feel better by clowning around.
*Il s'est blessé **en skiant**.*
He injured himself skiing.

3 explain the reason for or the cause of something:
***Etant** d'origine algérienne, je parle un peu l'arabe.*
Being of Algerian origin, I speak a bit of Arabic.
***Ayant** vécu à Paris, je connais la ville.*
Having lived in Paris, I know the city.

4 replace a relative pronoun (*qui/que*) in a sentence:
*Il s'occupe d'enfants **souffrant** de troubles mentaux.*
(= *qui souffrent de* …)
He looks after children with mental problems.

◆ Formation
Take the *nous* form of the present tense, remove the *-ons* and add the ending *-ant*. Used as a verb, it is invariable, i.e. has no other endings to add.
regarder —> *nous regardons* —> *regard* —> ***regardant***
(looking)

Three exceptions:

avoir	**ayant**	(having)
être	**étant**	(being)
savoir	**sachant**	(knowing)

11 The passive voice   *le passif*

When the subject of the sentence has the action of the verb <u>done to it</u> instead of <u>doing</u> the action, the sentence is said to be in the passive voice.

◆ Usage
The passive is used:

1 when the person doing the action is unknown or not named:
*Mon chien a **été écrasé**.*   My dog's been run over.

2 when you want to focus on the person/thing receiving the action rather than on whoever is doing the action:
*La violence **est** souvent **présentée** comme acceptable (par les médias).*
Violence is often presented as being acceptable (by the media).

3 to highlight the drama of an event, especially in newspaper accounts:
*Les deux jeunes **ont été arrêtés** par un détective parisien.*
The two youths were arrested by a Paris detective.

◆ Formation
To form a passive, use *être* and a past participle agreeing with the subject of the verb.
<u>Notre association</u> **aide** les enfants en difficulté.

(subject)   (verb)

<u>Les enfants en difficulté</u> **sont aidés** par notre association.
(subject)   (verb in the passive)

The passive can be used in several tenses:

future: *Les enfants **seront aidés** par l'association.*
(will be helped)

perfect: *Les enfants **ont été aidés** par l'association.*
(have been helped)

imperfect: *Les enfants **étaient aidés** par l'association.*
(were helped)

pluperfect: *Les enfants **avaient été aidés** par l'association.*
(had been helped)

To avoid the passive, especially when translating from English:

— use *on*:
'Speed limits are not respected.' —>
Les limitations de vitesse ne sont pas respectées. —>
—>***On ne respecte pas** les limitations de vitesse.*

– use an 'active' sentence:

'The house was burgled by two men.' $\rightarrow$

La maison a été cambriolée par deux hommes. $\rightarrow$

$\rightarrow$ *Deux hommes **ont cambriolé** la maison.*

– use a reflexive verb:

'The passive is not often used in French.' $\rightarrow$

Le passif n'est pas beaucoup utilisé en français. $\rightarrow$

$\rightarrow$ *Le passif **ne s'utilise pas** beaucoup en français.*

NB: Some verbs cannot be used in the passive: reflexive verbs, and verbs used without a direct object, eg: *aller, décider de, demander de.*

I was asked to take part in a debate on racism. $\rightarrow$
On m'a demandé de participer à un débat sur le racisme.

12 Negatives *la négation*

12.1 *ne ... pas*

This negative form is used where you would say 'not'. In French, you need two words: *ne* and *pas*, which go on either side of the verb.

ne $\rightarrow$ *n'* in front of a vowel or a silent h.

*Je **ne** suis **pas** français.* I'm not French.

*Ils **n'**habitent **pas** à Londres.* They don't live in London.

12.2 *ne ... jamais, ne ... rien, ne ... personne, ne ... plus*

These negative forms also go on either side of the verb:

ne/n' ... jamais	never
ne/n' ... rien	nothing, not anything
ne/n' ... personne	nobody, not anybody
ne/n' ... plus	no longer, no more, not any more

*Il **ne** parle **jamais** en français.* He **never** speaks in French.
*Elle **ne** mange **rien**.* She doesn't eat **anything**.
*Je **ne** connais **personne** ici.* I don't know **anybody** here.
*Nous **n'**y allons **plus**.* We don't go there **any more**.

♦ When you use *ne* + a negative with a noun, replace *un/une/des* with *de* or *d'*:

*Il n'y a **pas de** pizza/**de** gâteau/**de** chips.*

There isn't any pizza/cake/There aren't any crisps.

*Il n'y a **plus de** timbres.* There aren't any more stamps.

*Je n'ai **jamais d'**argent.* I never have any money.

♦ The second part of a negative form can be used without the *ne* in a short phrase with no verb:

*Tu as déjà travaillé? Non, **jamais.***

Have you ever worked? No, **never**.

*Qu'est-ce que vous voulez? **Rien.***

What do you want? **Nothing.**

*Qui est dans la salle de classe? **Personne.***

Who is in the classroom? **Nobody**.

12.3 *ne ... aucun*

This means 'no ...' or 'not a single ...'. *Aucun* is an adjective and agrees with the noun that follows it.

	masc.	fem.
singular	aucun	aucune
plural	aucuns	aucunes

*Il n'a **aucun** ami.*

He has **no** friends./He hasn't got **a single** friend.

*Je n'ai **aucune** idée.* I have **no** idea.

12.4 *ne ... ni ... ni ...*

This means 'neither ... nor ...'; *ne* goes before the verb and *ni* goes (twice) before the words they relate to:

*Il n'a **ni** mère **ni** père.*

He has **neither** mother **nor** father.

*Je **ne** connais **ni** Anne **ni** son frère.*

I **don't** know **either** Anne **or** her brother.

12.5 *ne ... que*

One way to say 'only' is to put *ne ... que* (*qu'* in front of a vowel or silent h) around the verb.

*Je n'aime **qu'**un sport.* I **only** like one sport.

*On **ne** travaillera **que** le samedi matin.*

We will **only** work on the Saturday morning.

*Il n'avait **qu'**un ami.* He had **only** one friend.

12.6 Negatives + the perfect tense

In the perfect tense, *ne* or *n'* goes before the part of *avoir* or *être*, and:

♦ *pas/plus/jamais/rien* go <u>before</u> the past participle:

*Je n'ai **pas** fait la lessive.* I haven't done the washing.

*On n'a **rien** mangé.* We haven't eaten anything.

◆ *personne / que / ni … ni … / aucun* go <u>after</u> the past participle:

*Nous n'avons vu **personne**.*

We didn't see anybody.

*Elle **n**'a attendu **que** cinq minutes.*

She only waited five minutes.

12.7 Negative + verb + infinitive

ne / n' goes before the first verb and *pas* before the second verb (in the infinitive):

*Je **n**'aime **pas** aller au cinéma.*

I don't like going to the cinema.

*On **ne** peut **pas** lire ce roman.*

We can't read this novel.

See 7.2 for reflexive verbs in the negative.

See 9.1 for negative imperatives.

13 Asking questions
l'interrogation

There are four ways to ask a question:

1 by raising your voice in a questioning manner at the end of an affirmative sentence:

Tu vas au cinéma?↑   Are you going to the cinema?

2 by starting with *est-ce que* … :

***Est-ce que** tu vas au cinéma?*

Are you going to the cinema?

3 by inverting the verb and subject:

Vas-tu au cinéma?   Are you going to the cinema?

Va-t-il* venir avec nous?   Is he going to come with us?

* Sometimes a *-t-* is added between two vowels to make pronunciation easier:

*A-**t**-il parlé au prof?*

Has he spoken to the teacher?

*Que pense-**t**-elle?*

What does she think?

4 by using question words:

◆ **Who**   **qui**

Qui t'a dit ça?	Who told you that?
Avec qui y vas-tu?	Who are you going with?
Qui est-ce qui vient ce soir?	Who's coming tonight?
Qui est-ce que tu as invité?	Who did you invite?

◆ **What**   **que (qu') / quoi**

Que désirez-vous?	What would you like?
Qu'as-tu acheté?	What did you buy?
Qu'est-ce qu'il t'a dit?	What did he tell you?
C'est quoi?	What is it?
Avec quoi on mange ça?	What do you eat this with?

◆ **Which**   **quel / quelle / quels / quelles** (agreeing with gender and number)

Quel âge as-tu?   How old are you?

Quels exercices faut-il faire?

Which exercises do we have to do?

C'est à quelle page?   On which page is it?

Quelles chaussures préfères-tu?

Which shoes do you prefer?

◆ **Which one(s)**   **lequel / laquelle / lesquels / lesquelles**

Je cherche un hôtel. Lequel recommandez-vous?

I'm looking for a hotel. Which do you recommend?

Laquelle de ces demandes d'emploi est la meilleure?

Which of these job applications is the best?

◆ **Others**

How much / How many	***Combien** as-tu payé?*
How	***Comment** as-tu payé?*
Where	***Où** as-tu payé?*
Why	***Pourquoi** as-tu payé?*
When	***Quand** as-tu payé?*

You can use these

– at the beginning of a sentence, as above

– at the end of a sentence, except *pourquoi*:

Tu as payé combien / comment / où / quand?

– at the beginning, adding *est-ce que*:

Combien / Comment / Où / Pourquoi / Quand est-ce que tu as payé?

14 Direct and indirect speech
le style direct et indirect

◆ Use direct speech to report what someone says word for word:

Le prof dit: "Faites l'activité 4." Un élève demande: "Il faut le faire pour quand?"

Léa a dit: "J'ai fait un stage en France".

Remember to use colons and speech marks.

Use verbs like: *dire, demander, ajouter, s'écrier.*

◆ Use indirect speech to explain what someone says without quoting them in speech marks.

Le prof dit de faire l'activité 4. Un élève demande pour quand il faut le faire.

Léa a dit qu'elle avait fait un stage en France.

◆ Some changes are necessary when going from direct speech to indirect speech (use of *que*, use of interrogative words, changes in pronouns and tenses).

Mon père s'est écrié: "J'ai perdu mon porte-feuille!"

Mon père s'est écrié <u>qu'il</u> <u>avait perdu</u> <u>son</u> porte-feuille.

Le serveur a demandé: "Vous pouvez me payer?"

Le serveur a demandé <u>si</u> <u>on</u> <u>pouvait</u> le payer.

15 Verb tables

infinitif		présent	passé composé	passé simple	futur simple	conditionnel	subjonctif
-er verbs	je/j'	parle	ai parlé	parlai	parlerai	parlerais	parle
	tu	parles	as parlé	parlas	parleras	parlerais	parles
parler	il/elle/on	parle	a parlé	parla	parlera	parlerait	parle
to speak	nous	parlons	avons parlé	parlâmes	parlerons	parlerions	parlions
	vous	parlez	avez parlé	parlâtes	parlerez	parleriez	parliez
	ils/elles	parlent	ont parlé	parlèrent	parleront	parleraient	parlent
-ir verbs	je/j'	finis	ai fini	finis	finirai	finirais	finisse
	tu	finis	as fini	finis	finiras	finirais	finisses
finir	il/elle/on	finit	a fini	finit	finira	finirait	finisse
to finish	nous	finissons	avons fini	finîmes	finirons	finirions	finissions
	vous	finissez	avez fini	finîtes	finirez	finiriez	finissiez
	ils/elles	finissent	ont fini	finirent	finiront	finiraient	finissent
-re verbs	je/j'	réponds	ai répondu	répondis	répondrai	répondrais	réponde
	tu	réponds	as répondu	répondis	répondras	répondrais	répondes
répondre	il/elle/on	répond	a répondu	répondit	répondra	répondrait	réponde
to answer	nous	répondons	avons répondu	répondîmes	répondrons	répondrions	répondions
	vous	répondez	avez répondu	répondîtes	répondrez	répondriez	répondiez
	ils/elles	répondent	ont répondu	répondirent	répondront	répondraient	répondent
aller	je/j'	vais	suis allé(e)	allai	irai	irais	aille
to go	tu	vas	es allé(e)	allas	iras	irais	ailles
	il/elle/on	va	est allé(e)(s)*	alla	ira	irait	aille
	nous	allons	sommes allé(e)s	allâmes	irons	irions	allions
	vous	allez	êtes allé(e)(s)	allâtes	irez	iriez	alliez
	ils/elles	vont	sont allé(e)s	allèrent	iront	iraient	aillent
avoir	je/j'	ai	ai eu	eus	aurai	aurais	aie
to have	tu	as	as eu	eus	auras	aurais	aies
	il/elle/on	a	a eu	eut	aura	aurait	ait
	nous	avons	avons eu	eûmes	aurons	aurions	ayons
	vous	avez	avez eu	eûtes	aurez	auriez	ayez
	ils/elles	ont	ont eu	eurent	auront	auraient	aient
battre	je/j'	bats	ai battu	battis	battrai	battrais	batte
to beat	tu	bats	as battu	battis	battras	battrais	battes
	il/elle/on	bat	a battu	battit	battra	battrait	batte
	nous	battons	avons battu	battîmes	battrons	battrions	battions
	vous	battez	avez battu	battîtes	battrez	battriez	battiez
	ils/elles	battent	ont battu	battirent	battront	battraient	battent
boire	je/j'	bois	ai bu	bus	boirai	boirais	boive
to drink	tu	bois	as bu	bus	boiras	boirais	boives
	il/elle/on	boit	a bu	but	boira	boirait	boive
	nous	buvons	avons bu	bûmes	boirons	boirions	buvions
	vous	buvez	avez bu	bûtes	boirez	boiriez	buviez
	ils/elles	boivent	ont bu	burent	boiront	boiraient	boivent
comprendre		*see* **prendre**					
to understand	je/j'	comprends	ai compris	compris	comprendrai	comprendrais	comprenne

* With verbs which take the auxiliary *être* in the perfect tense, the past participle agrees with *on* which is used to replace *nous*.

infinitif		présent	passé composé	passé simple	futur simple	conditionnel	subjonctif
conduire	je/j'	conduis	ai conduit	conduisis	conduirai	conduirais	conduise
to drive	tu	conduis	as conduit	conduisis	conduiras	conduirais	conduises
	il/elle/on	conduit	a conduit	conduisit	conduira	conduirait	conduise
	nous	conduisons	avons conduit	conduisîmes	conduirons	conduirions	conduisions
	vous	conduisez	avez conduit	conduisîtes	conduirez	conduiriez	conduisiez
	ils/elles	conduisent	ont conduit	conduisirent	conduiront	conduiraient	conduisent
connaître	je/j'	connais	ai connu	connus	connaîtrai	connaîtrais	connaisse
to know	tu	connais	as connu	connus	connaîtras	connaîtrais	connaisses
	il/elle/on	connaît	a connu	connut	connaîtra	connaîtrait	connaisse
	nous	connaissons	avons connu	connûmes	connaîtrons	connaîtrions	connaissions
	vous	connaissez	avez connu	connûtes	connaîtrez	connaîtriez	connaissiez
	ils/elles	connaissent	ont connu	connurent	connaîtront	connaîtraient	connaissent
craindre	je/j'	crains	ai craint	craignis	craindrai	craindrais	craigne
to fear	tu	crains	as craint	craignis	craindras	craindrais	craignes
	il/elle/on	craint	a craint	craignit	craindra	craindrait	craigne
	nous	craignons	avons craint	craignîmes	craindrons	craindrions	craignions
	vous	craignez	avez craint	craignîtes	craindrez	craindriez	craigniez
	ils/elles	craignent	ont craint	craignirent	craindront	craindraient	craignent
croire		*see **voir***					
to believe	je/j'	crois	ai cru	crus	croirai	croirais	croie
devoir	je/j'	dois	ai dû	dus	devrai	devrais	doive
to have to/	tu	dois	as dû	dus	devras	devrais	doives
must	il/elle/on	doit	a dû	dut	devra	devrait	doive
	nous	devons	avons dû	dûmes	devrons	devrions	devions
	vous	devez	avez dû	dûtes	devrez	devriez	deviez
	ils/elles	doivent	ont dû	durent	devront	devraient	doivent
dire	je/j'	dis	ai dit	dis	dirai	dirais	dise
to say	tu	dis	as dit	dis	diras	dirais	dises
	il/elle/on	dit	a dit	dit	dira	dirait	dise
	nous	disons	avons dit	dîmes	dirons	dirions	disions
	vous	dites	avez dit	dîtes	direz	diriez	disiez
	ils/elles	disent	ont dit	dirent	diront	diraient	disent
dormir	je/j'	dors	ai dormi	dormis	dormirai	dormirais	dorme
to sleep	tu	dors	as dormi	dormis	dormiras	dormirais	dormes
	il/elle/on	dort	a dormi	dormit	dormira	dormirait	dorme
	nous	dormons	avons dormi	dormîmes	dormirons	dormirions	dormions
	vous	dormez	avez dormi	dormîtes	dormirez	dormiriez	dormiez
	ils/elles	dorment	ont dormi	dormirent	dormiront	dormiraient	dorment
écrire	je/j'	écris	ai écrit	écrivis	écrirai	écrirais	écrive
to write	tu	écris	as écrit	écrivis	écriras	écrirais	écrives
	il/elle/on	écrit	a écrit	écrivit	écrira	écrirait	écrive
	nous	écrivons	avons écrit	écrivîmes	écrirons	écririons	écrivions
	vous	écrivez	avez écrit	écrivîtes	écrirez	écririez	écriviez
	ils/elles	écrivent	ont écrit	écrivirent	écriront	écriraient	écrivent

infinitif		présent	passé composé	passé simple	futur simple	conditionnel	subjonctif
être	je/j'	suis	ai été	fus	serai	serais	sois
to be	tu	es	as été	fus	seras	serais	sois
	il/elle/on	est	a été	fut	sera	serait	soit
	nous	sommes	avons été	fûmes	serons	serions	soyons
	vous	êtes	avez été	fûtes	serez	seriez	soyez
	ils/elles	sont	ont été	furent	seront	seraient	soient
faire	je/j'	fais	ai fait	fis	ferai	ferais	fasse
to do/make	tu	fais	as fait	fis	feras	ferais	fasses
	il/elle/on	fait	a fait	fit	fera	ferait	fasse
	nous	faisons	avons fait	fîmes	ferons	ferions	fassions
	vous	faites	avez fait	fîtes	ferez	feriez	fassiez
	ils/elles	font	ont fait	firent	feront	feraient	fassent
falloir	il	faut	a fallu	fallut	faudra	faudrait	faille
to be necessary							
se lever	je	me lève	me suis levé(e)	me levai	me lèverai	me lèverais	me lève
to get up	tu	te lèves	t'es levé(e)	te levas	te lèveras	te lèverais	te lèves
	il/elle/on	se lève	s'est levé(e)(s)*	se leva	se lèvera	se lèverait	se lève
	nous	nous levons	nous sommes levé(e)s	nous levâmes	nous lèverons	nous lèverions	nous levions
	vous	vous levez	vous êtes levé(e)(s)	vous levâtes	vous lèverez	vous lèveriez	vous leviez
	ils/elles	se lèvent	se sont levé(e)s	se levèrent	se lèveront	se lèveraient	se lèvent
lire	je/j'	lis	ai lu	lus	lirai	lirais	lise
to read	tu	lis	as lu	lus	liras	lirais	lises
	il/elle/on	lit	a lu	lut	lira	lirait	lise
	nous	lisons	avons lu	lûmes	lirons	lirions	lisions
	vous	lisez	avez lu	lûtes	lirez	liriez	lisiez
	ils/elles	lisent	ont lu	lurent	liront	liraient	lisent
mettre	je/j'	mets	ai mis	mis	mettrai	mettrais	mette
to put	tu	mets	as mis	mis	mettras	mettrais	mettes
	il/elle/on	met	a mis	mit	mettra	mettrait	mette
	nous	mettons	avons mis	mîmes	mettrons	mettrions	mettions
	vous	mettez	avez mis	mîtes	mettrez	mettriez	mettiez
	ils/elles	mettent	ont mis	mirent	mettront	mettraient	mettent
mourir	je	meurs	suis mort(e)	mourus	mourrai	mourrais	meure
to die	tu	meurs	es mort(e)	mourus	mourras	mourrais	meures
	il/elle/on	meurt	est mort(e)(s)*	mourut	mourra	mourrait	meure
	nous	mourons	sommes mort(e)s	mourûmes	mourrons	mourrions	mourions
	vous	mourez	êtes mort(e)(s)	mourûtes	mourrez	mourriez	mouriez
	ils/elles	meurent	sont mort(e)s	moururent	mourront	mourraient	meurent
naître	je	nais	suis né(e)	naquis	naîtrai	naîtrais	naisse
to be born	tu	nais	es né(e)	naquis	naîtras	naîtrais	naisses
	il/elle/on	naît	est né(e)(s)*	naquit	naîtra	naîtrait	naisse
	nous	naissons	sommes né(e)s	naquîmes	naîtrons	naîtrions	naissions
	vous	naissez	êtes né(e)(s)	naquîtes	naîtrez	naîtriez	naissiez
	ils/elles	naissent	sont né(e)s	naquirent	naîtront	naîtraient	naissent

* With verbs which take the auxiliary *être* in the perfect tense, the past participle agrees with *on* which is used to replace *nous*.

infinitif		présent	passé composé	passé simple	futur simple	conditionnel	subjonctif
ouvrir *to open*	je/j'	ouvre	ai ouvert	ouvris	ouvrirai	ouvrirais	ouvre
	tu	ouvres	as ouvert	ouvris	ouvriras	ouvrirais	ouvres
	il/elle/on	ouvre	a ouvert	ouvrit	ouvrira	ouvrirait	ouvre
	nous	ouvrons	avons ouvert	ouvrîmes	ouvrirons	ouvririons	ouvrions
	vous	ouvrez	avez ouvert	ouvrîtes	ouvrirez	ouvririez	ouvriez
	ils/elles	ouvrent	ont ouvert	ouvrirent	ouvriront	ouvriraient	ouvrent
paraître *to appear*		*see* **connaître**					
	je/j'	parais	ai paru	parus	paraîtrai	paraîtrais	paraisse
partir *to leave*		*see* **sentir**, *but with* **être** *in compound tenses*					
	je	pars	suis parti(e)	partis	partirai	partirais	parte
pleuvoir *to rain*	il	pleut	a plu	plut	pleuvra	pleuvrait	pleuve
pouvoir *to be able/* *can*	je/j'	peux	ai pu	pus	pourrai	pourrais	puisse
	tu	peux	as pu	pus	pourras	pourrais	puisses
	il/elle/on	peut	a pu	put	pourra	pourrait	puisse
	nous	pouvons	avons pu	pûmes	pourrons	pourrions	puissions
	vous	pouvez	avez pu	pûtes	pourrez	pourriez	puissiez
	ils/elles	peuvent	ont pu	purent	pourront	pourraient	puissent
prendre *to take*	je/j'	prends	ai pris	pris	prendrai	prendrais	prenne
	tu	prends	as pris	pris	prendras	prendrais	prennes
	il/elle/on	prend	a pris	prit	prendra	prendrait	prenne
	nous	prenons	avons pris	prîmes	prendrons	prendrions	prenions
	vous	prenez	avez pris	prîtes	prendrez	prendriez	preniez
	ils/elles	prennent	ont pris	prirent	prendront	prendraient	prennent
recevoir *to receive*	je/j'	reçois	ai reçu	reçus	recevrai	recevrais	reçoive
	tu	reçois	as reçu	reçus	recevras	recevrais	reçoives
	il/elle/on	reçoit	a reçu	reçut	recevra	recevrait	reçoive
	nous	recevons	avons reçu	reçûmes	recevrons	recevrions	recevions
	vous	recevez	avez reçu	reçûtes	recevrez	recevriez	receviez
	ils/elles	reçoivent	ont reçu	reçurent	recevront	recevraient	reçoivent
rire *to laugh*	je/j'	ris	ai ri	ris	rirai	rirais	rie
	tu	ris	as ri	ris	riras	rirais	ries
	il/elle/on	rit	a ri	rit	rira	rirait	rie
	nous	rions	avons ri	rîmes	rirons	ririons	riions
	vous	riez	avez ri	rîtes	rirez	ririez	riiez
	ils/elles	rient	ont ri	rirent	riront	riraient	rient
savoir *to know*	je/j'	sais	ai su	sus	saurai	saurais	sache
	tu	sais	as su	sus	sauras	saurais	saches
	il/elle/on	sait	a su	sut	saura	saurait	sache
	nous	savons	avons su	sûmes	saurons	saurions	sachions
	vous	savez	avez su	sûtes	saurez	sauriez	sachiez
	ils/elles	savent	ont su	surent	sauront	sauraient	sachent

infinitif		présent	passé composé	passé simple	futur simple	conditionnel	subjonctif
sentir	je/j'	sens	ai senti	sentis	sentirai	sentirais	sente
to feel	tu	sens	as senti	sentis	sentiras	sentirais	sentes
	il/elle/on	sent	a senti	sentit	sentira	sentirait	sente
	nous	sentons	avons senti	sentîmes	sentirons	sentirions	sentions
	vous	sentez	avez senti	sentîtes	sentirez	sentiriez	sentiez
	ils/elles	sentent	ont senti	sentirent	sentiront	sentiraient	sentent
tenir		*see* **venir**, *but with* **avoir** *in compound tenses*					
to hold	je/j'	tiens	ai tenu	tins	tiendrai	tiendrais	tienne
venir	je	viens	suis venu(e)	vins	viendrai	viendrais	vienne
to come	tu	viens	es venu(e)	vins	viendras	viendrais	viennes
	il/elle/on	vient	est venu(e)(s)*	vint	viendra	viendrait	vienne
	nous	venons	sommes venu(e)s	vînmes	viendrons	viendrions	venions
	vous	venez	êtes venu(e)(s)	vîntes	viendrez	viendriez	veniez
	ils/elles	viennent	sont venu(e)s	vinrent	viendront	viendraient	viennent
vivre		*see* **écrire**	*past participle:* **vécu**				
to live	je/j'	vis	ai vécu	vécus	vivrai	vivrais	vive
voir	je/j'	vois	ai vu	vis	verrai	verrais	voie
to see	tu	vois	as vu	vis	verras	verrais	voies
	il/elle/on	voit	a vu	vit	verra	verrait	voie
	nous	voyons	avons vu	vîmes	verrons	verrions	voyions
	vous	voyez	avez vu	vîtes	verrez	verriez	voyiez
	ils/elles	voient	ont vu	virent	verront	verraient	voient
vouloir	je/j'	veux	ai voulu	voulus	voudrai	voudrais	veuille
to want	tu	veux	as voulu	voulus	voudras	voudrais	veuilles
	il/elle/on	veut	a voulu	voulut	voudra	voudrait	veuille
	nous	voulons	avons voulu	voulûmes	voudrons	voudrions	voulions
	vous	voulez	avez voulu	voulûtes	voudrez	voudriez	vouliez
	ils/elles	veulent	ont voulu	voulurent	voudront	voudraient	veuillent

* With verbs which take the auxiliary *être* in the perfect tense, the past participle agrees with *on* which is used to replace *nous*.

OXFORD
UNIVERSITY PRESS

Great Clarendon Street, Oxford OX2 6DP

Oxford University Press is a department of the University of Oxford.
It furthers the University's objective of excellence in research,
scholarship, and education by publishing worldwide in

Oxford   New York

Auckland   Cape Town   Dar es Salaam   Hong Kong   Karachi
Kuala Lumpur   Madrid   Melbourne   Mexico City   Nairobi
New Delhi   Shanghai   Taipei   Toronto

With offices in

Argentina   Austria   Brazil   Chile   Czech Republic   France   Greece
Guatemala   Hungary   Italy   Japan   Poland   Portugal   Singapore
South Korea   Switzerland   Thailand   Turkey   Ukraine   Vietnam

Oxford is a registered trade mark of Oxford University Press
in the UK and in certain other countries

© Danièle Bourdais, Marian Jones, Gill Maynard 2001

British Library Cataloguing in Publication Data

Data available

ISBN-13: 978 0 19 912321 6
ISBN-10: 0 19 912321 7

10 9 8 7 6

Printed in Italy by Rotolito Lombarda

ACKNOWLEDGEMENTS

The publishers would like to thank the following for permission to reproduce photographs:
p 7 (all) David Simson/DAS Photo; p 9 Issei Kato/Sipa Press/Rex Features; p 11
(top) Action Press/Rex Features; p 11 (bottom) Owen Franken/Corbis UK Ltd.; p 15
(top) John Maier/Still Pictures; p 15 (bottom) Khalil/Frank Spooner Pictures; p 16
Rasmussen/Sipa Press/Rex Features; p 17 Larry Bray/Telegraph Colour Library; p
19 Frank Silberbach/Still Pictures; p 20 (top left) Harmut Schwarzbach/Still
Pictures; p 20 (centre left)Paul Harrison/Still Pictures; p 20 (bottom left)
Novastock/Powerstock Zefa Ltd; p 20 (top centre) Mike Schroder/Still Pictures; p
20 (bottom centre) Jean-Luc & F. Ziegler/Still Pictures; p 20 (top right)
Index/Powerstock Zefa Ltd; p 20 (centre right) Giovanni Diffidenti/Gamma/Frank
Spooner Pictures; p 20 (bottom right) Jeff Greenberg/Still Pictures; p 22 Lionel
Derimais/Agence France Presse; p 25 Mauritius/Powerstock Zefa Ltd; p 26 (top)
White/The Times/Rex Features; p 26 (bottom) GCI Moreau & Associés;
p 27 (centre left & left) White/The Times/Rex Features; p 27 (centre right, right &
centre) Lionel Gédébé/Turttle; p 29 Morris/Sipa Press/Rex Features; p 30 Anne
Nosten/Gamma/Frank Spooner Pictures; p 37 (top left) Nigel Dickinson/Still
Pictures; p 37 (bottom left) Leon Schadeberg/Rex Features; p 37 (top centre)
Hermine Oberück/Still Pictures; p 37 (bottom centre) David Simson/DAS Photo; p
37 (top right & bottom right) Sipa Press/Rex Features; p 38 (top) Nigel
Dickinson/Still Pictures; p 38 (bottom) David Simson/DAS Photo; p 39 Romuald
Meigneux/Sipa Press/Rex Features; p 40 (top) Marc Garanger/Corbis UK Ltd.; p 43
Dean Conger/Corbis UK Ltd.; p 43 Francis Demance/Gamma/Frank Spooner
Pictures; p 47 (top left) Powerstock Zefa Ltd; p 47 (centre left) Rex Features; p 47
(bottom left) Adrian Arbib/Corbis UK Ltd.; p 47 (top right) Jim Sugar
Photography/Corbis UK Ltd.; p 47 (centre right) Julian Makey/Rex Features; p 47
(bottom right) The Copyright/Powerstock Zefa Ltd; p 56 Simon
Heaton/Powerstock Zefa Ltd; p 57 SOS Racisme; p 58 (top) David Simson/DAS
Photo; p 58 (bottom) Roger-Viollet; p 59 Agence France Presse; p 60 David
Simson/DAS Photo; p 63 (bottom left & centre right) SOS Racisme; p 67 Alain Le
Bot/Gamma/Frank Spooner Pictures; p 70 Rex Features; p 71 Pascal
Guyot/Agence France Presse; p 72 Thierry Chassepoux/KR Images; p 74 Sipa
Press/Rex Features; p 75 Mychele Daniau/Agence France Presse; p 77 Houpline-
Sipa Press/Rex Features; p 79 (centre left) Powerstock Zefa Ltd; p 79 (left) Artifical
Eye Film Company Ltd.; p 79 © Euro area : National authorities : Finance or
Treasury Ministries, Mints. / Other : European Commission. All rights reserved, p
79 (bottom centre) Zooid Pictures; p 79 (centre right) Reuters NewMedia
Inc./Corbis UK Ltd.; p 79 (right) Christian Liewig/TempSport/Corbis UK Ltd.; p 80
(top left & top centre) Rex Features; p 80 (bottom left) Alpha Diffusion/Sipa
Press/Rex Features; p 80 (bottom centre) Sandy Felsenthal/Corbis UK Ltd.; p 80
(top right) Julian Makey/Rex Features; p 80 (bottom right) David Simson/DAS
Photo; p 82 Rex Features; p 84 Gerard Julien/Agence France Presse; p 90 Janet
Wishnetsky/Corbis UK Ltd.; p 99 Chiche; p 106 Eric Bach/Britstock-IFA; p 107
British Film Institute

Illustrations by: Stefan Chabluk, Tim Kahane, Phillipe Tastet

Cover image by Tony Stone.

The authors and publishers would like to thank the following for their help and advice:

Kathryn Tate (editor of *Elan 2*); Tony Lonsdale and Danièle Bourdais (course
consultants); Dr Jocelyne Cox and Gaëlle Amiot-Cadey (language consultants);
Claudie Planche.

*The authors and publishers would also like to thank everyone involved in the Élan 2
recordings:*

Acknowledgements to follow.

*The publishers would like to thank the following for permission to reproduce copyright
material in this book:*
Amnesty International, Blachon, Éditions Adèle, Éditions du Seuil,
www.elysee.fr, L'Étudiant, Fondation de France, France Info, The Guardian, The
Independent, Milan Presse, ©2000 Milan Presse, Christopher Vadot, *Je ne suis pas
inquiet – un entretien avec Daniel Cohn-Bendit*, Les Clés de l'Actualité (p 8), Michel
Heurteaux, *Ethiopie: le retour de la famine*, Les Clés de l'Actualité
(p 91), © 1999 Milan Presse, Claude Faber, *Le cadeau du gouvernement aux plus
démunis*, Les Clés de l'Actualité (p 18), Michel Heurteaux, *Le Nobel de la Paix aux
Mèdecins Sans Frontières*, Les Clés de l'Actualité (p 101), Christopher Vadot, *Les
marques planétaires*, Les Clés de l'Actualité (p 95), Michel Heurteaux, *Le commerce
mondial est très ancien*, Les Clés de l'Actualité (p 95), Le Monde le 10 novembre
2000, le Nouvel Observateur, The New York Times Syndicate, Paris Match, Le
Rassemblement pour la République

Every effort has been made to contact copyright holders of material reproduced
in this book. If notified, the publishers will be pleased to rectify any errors or
omissions at the earliest opportunity.